AF239878

Die Diskussion im deutschen Baptismus um die 68er Bewegung

Marc Schneider

Oncken-Archiv Elstal

Baptismus-Dokumentation Band 2
Schriftenreihe
herausgegeben vom Oncken-Archiv
des Bundes Evangelisch-Freikirchlicher Gemeinden in Deutschland K.d.ö.R.

Redaktionelle Bearbeitung:
Reinhard Assmann, Ines Pieper

© Oncken-Archiv des BEFG, Elstal 2012
Johann-Gerhard-Oncken-Str. 5, 14641 Wustermark
Tel. 033234 74-280, onckenarchiv@baptisten.de

2. durchgesehene Auflage 2017

Herstellung und Verlag: BoD - Books on Demand, Norderstedt
ISBN: 978-3-8482-2251-3

Inhalt

Zum Autor

Marc Schneider wurde am 21.04.1982 in Guben geboren. Nach Schul- und Berufsausbildung in Guben und Cottbus begann er mit dem Studium der Ingenieurswissenschaften in Magdeburg. Währenddessen erfuhr er m Kontext des CVJM Magdeburg eine Berufung für den hauptamtlichen Dienst. Nach einem theologischen Fernstudium studierte er in Vollzeit von 2006 bis 2011 an der Theologischen Hochschule Elstal und schloss sein Studium mit dem Master of Arts (M.A.) in Evangelischer Theologie erfolgreich ab.

Marc Schneider ist verheiratet und Vater dreier Söhne. 2011 wurde er zum Pastor im Bund Evangelisch-Freikirchlicher Gemeinden in Deutschland K.d.ö.R. ordiniert.

Vorwort

Die vorliegende Publikation von Marc Schneider zur Diskussion um die 68er Bewegung im deutschen Baptismus ist das Ergebnis einer Masterarbeit im Fach Mission und Diakonie des Masterstudiengangs Evangelische Theologie am Theologischen Seminar Elstal (Fachhochschule). Sie zeigt, dass auch theologische Abschlussarbeiten einen relevanten Beitrag zur freikirchlichen Geschichtsschreibung und zu einem reflektierten und kritischen Verhältnis baptistischer Gemeinden zu ihrer eigenen Geschichte leisten können.

Der Autor stellt die Bedeutung der 68er Bewegung für den deutschen Baptismus vor dem Hintergrund der gesamtgesellschaftlichen Entwicklung der Bundesrepublik dar. Dabei gelingt es ihm, die Breite der Bewegung, ihre unterschiedlichen Wurzeln und Ziele zu erfassen, in einer anschaulichen Darstellung zu bündeln und zeitgeschichtlich einzuordnen. Den dabei gewonnenen Kriterienkatalog für die Anliegen der 68er Bewegung nutzt er dann, um die baptistischen Publikationen dieser Zeit daraufhin zu untersuchen, inwieweit sie auf die Herausforderungen durch die 68er Bewegung reagiert haben.

Dieser zweite Hauptteil der Arbeit enthält eine komplette Sichtung und Auswertung der wichtigsten baptistischen Gemeinde- und Mitarbeiterzeitschriften, der Protokolle der Ratsversammlungen des Bundes Evangelisch-Freikirchlicher Gemeinden in Deutschland (BEFG) sowie der Studentenzeitschrift des Bundes aus den Jahren 1967-1972 in Bezug auf die 68er

Bewegung. Um das Bild abzurunden hat der Autor auch die im Oncken-Archiv des BEFG gesammelten Festschriften baptistischer Gemeinden daraufhin durchgesehen, inwieweit sie die Zeit der 68er Bewegung und die Auseinandersetzung mit der protestierenden Studentengeneration berücksichtigen und damit auch die für die Gemeindeebene zugänglichen Quellen ausgewertet. Mit diesem Teil seiner Arbeit leistet der Autor eine wichtige Vorarbeit zu weitergehenden zeitgeschichtlichen Forschungsarbeiten, führt andererseits aber mit seiner Analyse der Primärquellen bereits den Nachweis, dass eine intensivere Auseinandersetzung mit der 68er Bewegung innerhalb des deutschen Baptismus fast ausschließlich durch die Studentengeneration erfolgte. Da die Forderungen der Studierenden nach mehr Mitbestimmung und ihre Übernahme von kritischem Gedankengut der 68er Bewegung innerhalb einiger Gemeinden zu heftigen Konflikten führten und der BEFG 1971 deshalb sogar seine Studentenarbeit einstellte, überrascht es doch, dass weder die Veröffentlichungen aus den Gemeinden noch die Zeitschriften oder Bundesratsprotokolle des Gemeindebundes eine nachweisbare inhaltliche Auseinandersetzung mit den Forderungen der 68er Bewegung erkennen lassen. Allein in der Studentenzeitschrift des BEFG wird das gesamte Spektrum der für die 68er Bewegung typischen Themen reflektiert.

Marc Schneider zeigt in seiner kritischen Rekonstruktion dieses Abschnitts der Geschichte seiner Freikirche deutlich, dass die Diskussion um die 68er Bewegung, soweit sie einen Niederschlag in den Publikationen des Bundes Evangelisch-Freikirchlicher Gemeinden in Deutschland gefunden hat, kein Ruhmesblatt für den deutschen Baptismus gewesen ist. Ende der 60er und Anfang der 70er Jahre des letzten Jahrhunderts war die größte deutsche Freikirche offenbar noch nicht in der Lage, angemessen auf den gesellschaftlichen Aufbruch der 68er Bewegung zu reagieren, wie die Beendigung der vom Bund finanzierten Studentenarbeit im Jahre 1971 zeigt. Aber diese Erfahrung teilt sie mit vielen anderen gesellschaftlichen Institutionen, die ebenfalls erst im Nachhinein das positive Potential der 68er-Bewegung entdeckten und dann auch integrieren konnten.

Marc Schneiders Arbeit wurde aufgrund ihrer wissenschaftlichen Qualität im Jahr 2011 für den Brandenburgischen Absolventenpreis nominiert und die Ergebnisse der Arbeit vom Autor im Brandenburgischen Ministerium für Wissenschaft, Forschung und Kultur präsentiert. Dass die Arbeit nun durch die Publikation auch einer breiteren Öffentlichkeit zugänglich gemacht wird, dafür ist den Herausgebern der Reihe Baptismus-Dokumentation zu danken.

Elstal, den 02.07.2012

Dr. Ralf Dziewas
Professor für Diakoniewissenschaft und Sozialtheologie am Theologischen Seminar Elstal (Fachhochschule)

A. Einleitung

„Christus beruft uns zu einem Lebensstil,
der erkennbar im Kontrast zur
gesellschaftlichen Moral steht."[1]

Die Idee zu der vorliegenden Arbeit mit dem Thema „Die Diskussion im deutschen Baptismus um die 68er Bewegung" entstand bereits vor zwei Jahren. Die Intention und Motivation des Verfassers, sich der genannten Thematik anzunähern, lag dabei u.a. am persönlichen Interesse. Der Verfasser war (freilich vor seiner Bekehrung zum christlichen Glauben) selbst Anhänger und Sympathisant der linken Szene und verbindet mit der Arbeit auch eine eigene seelsorgerlich-reflektierte Rückschau auf die eigene Biographie. Aber auch das Interesse an Politik und Gesellschaft sowie ihren Zusammenhängen und Interdependenzen mit Kultur und Kirche waren Impulsgeber für die vorliegende Darstellung und Untersuchung. Hinzu kommt die im Zitat angeschlagene Weisung und die sich damit für den Autor verbundene Motivation, seinen Glauben bewusst, verantwortlich und authentisch innerhalb der gegenwärtig postmodernen Gesellschaft zu leben. Wie viele andere gesellschaftspolitische Umwälzungen hatte die 68er Bewegung einen maßgeblichen Anteil an der weiteren Entwicklung der deutschen Gesellschaft. Welcher Einfluss bzw. welche Diskussion ausgehend von der 68er Bewegung auch auf den deutschen Baptismus ausgeübt worden ist, soll im Zuge dieser Arbeit untersucht werden. Was, wo und von wem ist von der 68er Bewegung im deutschen Baptismus diskutiert worden und welchen unmittelbaren Einfluss hatte sie auf das Gepräge der einzelnen Gemeinden? Wenn im Verlauf der Arbeit vom deutschen Baptismus geredet wird, dann meint der Verfasser hier vor allem den westdeutschen Baptismus der BRD, da sich die 68er Bewegung zur Zeit des geteilten Deutschlands abspielte und ihr geographischer Kontext in den alten Bundesländern lag. Die folgenden Ausführungen sollen dem Leser einen groben Überblick über das methodische Vorgehen verschaffen. „Wie viele andere Jahreszahlen, etwa 1789, 1848 und 1989, steht auch 1968 als eine Chiffre für eine historisch bedeutsame Sequenz von Ereignissen, welche über das jeweils bezeichnete Jahr hinausreicht."[2] Um diese Chiffre zu dekodieren, soll in einem ersten großen Abschnitt (B. Darstellung der 68er Bewegung) dargestellt werden, was die 68er Bewegung eigentlich war. Was waren ihre Ursprünge, was wollte sie und vor allem wer war der Träger bzw. waren die Protagonisten der Bewegung? Dies geschieht zunächst in Kap. 1, in dem über Herkunft und Ideengeber verhandelt wird. Kap. 2 betrachtet dann die historisch-politische Situation der BRD und geht auch auf die Last der Vergangenheitsbewältigung im Blick auf das Dritte Reich ein und stellt somit den Kontext und Reaktionsboden für die 68er dar. Im Anschluss

---

[1] Verfasser unbekannt.
[2] Rucht, Die Ereignisse von 1968 als soziale Bewegung 153.

versucht das Kap. 3 anhand einer kleinen Chronologie den Verlauf der eigentlichen 68er Bewegung nachzuzeichnen und verhandelt außerdem die Ziele, Forderungen und Folgen der Bewegung. Schlussendlich werden anhand der Darstellungen die Kriterien der 68er Bewegung entwickelt und im Kap. 4 in einer vom Verfasser entwickelten Kriterien-Tabelle gebündelt und als Bemessungs- und Bewertungsgrundlage für den deutschen Baptismus verwendet. In einem zweiten großen Abschnitt (C. Die Diskussion im deutschen Baptismus) soll dann anhand der im ersten Teil gewonnen Kriterien der Baptismus untersucht werden. Nachdem sich Kap. 1 einer kurzen Einführung widmet, beschäftigt sich Kap. 2 mit einer Kontextanalyse des damaligen deutschen Baptismus. Kap. 3 stellt den Kernteil dieses Abschnittes dar und untersucht fünf ausgesuchte baptistische Publikationen und ihren Quellenbestand anhand der Kriterientabelle im Bezug auf eine Diskussion mit der 68er Bewegung. Es ist zu berücksichtigen, dass aufgrund der Menge des Materials hier nur ein Zeitraum von sechs Jahren (1967-1972) untersucht werden kann. Kap. 4 bildet den Abschluss des zweiten Hauptteils und ist zugleich eine Unterstreichung der gewonnenen Ergebnisse. Letztendlich werden in einem letzten Abschnitt (D. Zusammenfassung und kritische Würdigung) die Ergebnisse kurz zusammengefasst und gebündelt sowie kritisch gewürdigt. Bei allen offen gebliebenen Fragen und Grenzen der Arbeit bleibt doch heraus zu heben, dass ein Anfang der Bearbeitung eines spannenden Teils Zeitgeschichte gemacht ist, dem sich hoffentlich noch andere anschließen.

B. Darstellung der 68er Bewegung

1. Einführung

Die 68er Bewegung ist, repräsentativ ersichtlich durch den Internationalen Vietnam-Kongress und seine verschiedenen Vertreter, ein zusammengesetztes Mosaik. Man muss also davon ausgehen, dass es keine einzige Wiege der Bewegung gibt, sondern es sich um eine geografische Polyzentrizität handelt.[3] Will man die Anfänge der Bewegung rekonstruieren, welche in verschiedenen Protesterscheinungen in den westlichen Industrienationen existierte und in den 1968er Jahren in einer Studentenrebellion, Generationsrevolte und einem Kulturumbruch kulminierte, bedarf es eines weiten Horizonts, der zum einen die jeweiligen nationalen gesellschaftspolitischen Ereignisse und zum anderen die kosmopolitischen Umwälzungen im Blick behält. Da sich die vorliegende Arbeit aber weitestgehend mit dem Kontext des damaligen deutschen Baptismus beschäftigt, wird sich die Darstellung der 68er Bewegung im spezifischen auf die deutsche Entwicklung konzentrieren.

1.1 Der gesellschaftspolitische Nährboden für '68 - Die Neue Linke

Soziale Bewegungen, wie etwa die 68er Bewegung, resultieren aus sozialem Handeln, das in der Regel durch eine intellektuelle Minderheit kognitiv konstituiert wird.[4] So ging dem Mobilisierungsprozess der 68er in den jeweiligen Nationen jeweils eine Formierung einer politischen Neuen Linken[5] voraus, die sich im Bezug auf die „Alte Linke"[6] vor allem dadurch absetzte, ihrer „Bereitschaft, Worten des Protestes auch Taten folgen zu lassen, d.h. Aufklärung zu vermitteln durch Aktion"[7]. Während die Neue Linke ein eher heterogenes Gewächs darstellt, in dem sich verschiedene Theorien wiederfinden, grenzt sie sich doch einheitlich von der „Alten Linken" ab. So war etwa der geschichtliche Kontext, zu dem „die Ereignisse in Prag 1948, der XX. Parteitag der KPdSU (1956), die Niederschlagung des Ungarnaufstan-

---

[3] Vgl. Gilcher-Holtey, Die 68er Bewegung 10.

[4] Vgl. a.a.O. 11.

[5] Im Folgenden seien einige Beispiele theoriebildender linker Gruppen genannt: In Frankreich die trotzkistische Gruppe JCR (Jeunesse Communistes Revolutionnaires) und die anarchistische Gruppe LEA (Liaison des Ethudiants Anarchistes), in Großbritannien die „New Left Review", in Italien die PSIUP (Partio socialista di unita proletaria), in den USA der amerikanische SDS (Students for a Democratic Society), vgl. a.a.O. 8. Innerhalb der BRD war vor allem die sogenannte „Frankfurter Schule" theoriebildend, welche die Außerparlamentarische Opposition und die Studentenbewegung (SDS) maßgeblich beeinflusste.

[6] Traditioneller Marxismus-Leninismus.

[7] Ebd. Besonders heftige Aktionen der „Aufklärung" finden sich später bei der Baader-Meinhof-Gruppe, bzw. der „Roten Armee Fraktion" (RAF) wieder, vgl. dazu: Stefan Aust, der Baader-Meinhof-Komplex, München 1989.

des, der Kalte Krieg und die Nichtproblematisierung der Atomrüstung in Ost und West"[8] ge-hören, maßgeblicher Anlass, der zu der Abgrenzung führte. Die sich neu konstituierende Linke erachtete „das Handeln der traditionellen Linksparteien für realpolitisch befangen und unfähig, den Status quo politisch und sozial zu überwinden"[9]. So lassen sich, zugespitzt, fünf idealtypische Punkte beschreiben, die die Neue Linke der traditionellen Linken entgegen-setzte: 1. Neuinterpretation der marxistischen Theorie, 2. neuer Entwurf der sozialistischen Gesellschaftsordnung (auch die menschliche Lebenswelt betreffend, z.B. Freizeit, Familie, sexuelle und soziale Beziehungen), 3. neue Transformationsstrategie (Herauslösung des In-dividuums aus der Unterordnung des Kollektivs), 4. neue Organisationskonzeption (Neue Linke versteht sich als Bewegung und nicht als Partei), 5. neue Definition des Trägers sozia-len Wandels (neue Trägergruppen, die über das Proletariat hinausgehen).[10] „Das Ineinan-dergreifen von individueller und kollektiver Emanzipation, Gesellschafts- und Kulturkritik, kul-tureller und sozialer Revolution, das im Denken der Neuen Linken angelegt ist"[11], sowie der Verzicht auf eine institutionalisierte Verfasstheit, „machen die Neue Linke offen und an-schlussfähig für eine Vielzahl von Protestströmungen von der Antiatom- und Abrüstungsbe-wegung über die Bürgerrechtsbewegung bis zur Antikolonialbewegung"[12]. So galt die Neue Linke auch determiniert als „Wiedertäufer der Wohlstandsgesellschaft"[13], zugleich als Erwe-ckungsbewegung, die es anstrebte, einen Paradigmenwechsel im politischen, gesellschaftli-chen, kulturellen und sozialen Milieu herbeizuführen.[14]

1.2 Allgemeine Gegenkultur („Counterculture")

„Wertvorstellungen und Verhaltensgebote, die sich aus Ideen ableiten, werden vielmehr häu-fig vermittelt durch soziale Praktiken, die halbbewusst und unbewusst Einstellungen und Verhaltensdispositionen prägen."[15] Es etablierte sich neben der New Left-Bewegung in den frühen 60er Jahren auch immer mehr eine eher unpolitische bzw. weniger politisierte Ge-genkultur, die eine starke subkulturelle Dynamik aufweist und ihre Ursprünge in den USA hat. Auch der amerikanische und deutsche SDS machten sich die „Praxis der Provokation" zu eigen und nutzten öffentliche Inszenierungen, um etwa im Kontext der Antivietnamkriegs-

---

[8] A.a.O. 14.
[9] Ebd.
[10] Vgl. a.a.O. 14ff.
[11] A.a.O. 16.
[12] Ebd.
[13] Scheuch, Die Wiedertäufer der Wohlstandsgesellschaft (Titelblatt).
[14] Scheuch schlägt (aus nichtseparatistischer Perspektive) eine Parallele von der Neuen Linken zu den Täufern im 16. Jahrhundert und polemisiert in erster Linie, dass die Anliegen der Neuen Linken nicht unkritisch beleuchtet rezipiert werden sollten, vgl. Scheuch, Einleitung 11f.
[15] Gilcher-Holtey, Die 68er Bewegung 49.

Opposition eine gesellschaftliche Wahrnehmung zu erreichen.[16] Jedoch ist es hier wichtig zu differenzieren. Die sich anfänglich aus einer Jugendprotestströmung entwickelnde allgemeine Gegenkultur, die sich in Teilen mit den Anliegen der Neuen Linken überschnitt (etwa in der Vietnam-Opposition), war keine politische Bewegung.[17] So propagierte sie etwa den Ausstieg aus der Gesellschaft (anstatt sich zu engagieren) und setzte „dem Sit-in und Teach-in das Be-in und Love-in entgegen"[18]. Die Energie und Dynamik der Proteste um '68 entsprangen nicht allein der intellektuellen Einsicht, eine bessere Gesellschaft hervorzubringen, sondern vielmehr den subkulturellen Strömungen, die sich unter den Bezeichnungen „Counterculture" oder „Boheme" subsumieren lassen.[19] „Der antiautoritäre Impetus speiste sich aus der Ablehnung der Autorität der etablierten Eliten."[20] Nach der Gleichförmigkeit der Massengesellschaft suchte die Gegenkultur eine alternative Gesellschaft. Es war der Beginn des sozialen Individualismus („doing your own thing") oder auch die Abwendung von allem Politischen hin zu einer romantischen Anarchie. Sie misstraute dem Establishment und behielt eine kritische Einstellung gegenüber Ungleichheit und Wohlstand. Der Slogan „Phantasie an die Macht" war Kampfansage gegen das herrschende eindimensionale Realitätsverständnis. So waren sämtliche Entwicklungen sozialer und kultureller Art ein Aufbäumen und Revoltieren gegen die Grenzen des Denkens.[21] Marcuse bezeichnet diese Bewegung als „Große Weigerung - der Protest gegen das, was ist".[22] Zur gegenkulturellen Manifestation gehörte auch die „Interaktion von Drogengebrauch, Poesie und Popmusik", welche immer auch instrumentalisiert Träger der allgemeinen Rebellion und Revolution wurde.[23] Die entstehende Gegenkultur vermischte sich zunehmend mit der internationalen New Left-Bewegung und erwuchs zu einer Symbiose welche auch in der Bundesrepublik Deutschland, etwa in den Experimenten der *Kommune 1*, ihren Niederschlag fand.[24] Letztendlich kulminierte eine immer mehr zusammenwachsende Bewegung aus theoretisch hochgerüsteten politischen Aktivisten und den sozialen Praktiken einer allgemeinen Gegenkultur zu dem „Erfolg" von '68.

---

[16] Vgl. a.a.O. 50, Zitat ebd.
[17] Homepage „Geschichte der Counterculture"
[18] Gilcher-Holtey, Die 68er Bewegung 50.
[19] Vgl. Tanner 276f.
[20] A.a.O. 275.
[21] Vgl. Tanner 277f.
[22] Marcuse, Der eindimensionale Mensch 83.
[23] Vgl. Tanner 287, Zitat ebd. Auf all die verschiedenen Randerscheinungen, die die Gegenkultur hervorbrachte, etwa die Hippie-Bewegung, Psychedelic-Rock, Konsum von Cannabis und LSD sowie die sexuelle Revolution/Emanzipation kann hier nicht eingegangen werden.
[24] Vgl. Gilcher-Holtey 53-56.

2. Entwicklungen in der Bundesrepublik Deutschland

2.1 Innen- und außenpolitischer Paradigmenwechsel

Die politischen Entwicklungen in den 60er Jahren markierten eine Wendezeit in der Nachkriegsgeschichte, in der sich die Gestalt der BRD nachhaltig veränderte. Vor allem aber bildete das Dezennium 1965 bis 1975 „eine Epoche des außen- und innenpolitischen Wandels mit zum Teil verdeckten Frakturen".[25] Im Besonderen spricht man auch von einer engeren Phase zwischen 1963 bis 1969 als „Politik der Bewegung".[26] Blickt man auf die Zeit davor, so hatte die Adenauer-Ära der Bundesrepublik eine außerordentliche Aufwertung beschert: Westintegration, Aufnahme in die NATO, ökonomischer Aufstieg etc. Jedoch änderte sich die bis dahin existierende Politikverdrossenheit aufgrund einiger innenpolitischer Ereignisse, von denen im Folgenden drei paradigmatisch dargestellt werden.

2.1.1 Die „Spiegel-Affäre"

„Während der amerikanische Präsident John F. Kennedy sich entschlossen zeigte, die westliche Freiheit in der Karibik gegen die Bedrohung durch sowjetische Mittelstreckenraketen zu verteidigen, schien in der Bundesrepublik eben diese Freiheit [durch die westdeutsche Regierung selbst, Anm. des Verf.] akut gefährdet."[27] Vor dem Hintergrund des Kalten Krieges und während der Kuba-Krise veröffentlicht „Der Spiegel" einen Artikel über die Bundeswehr „Bedingt abwehrbereit", in dem der Autor Conrad Ahlers von wesentlichen Schwachstellen der deutschen Bundeswehr berichtete und, im Falle eines Angriffs der Sowjetunion, einen erfolgreichen Widerstand in Zweifel zog.[28] Für den damaligen Bundeskanzler Konrad Adenauer und seinen Verteidigungsminister Franz Josef Strauß grenzte diese Berichterstattung an Landesverrat und hatte erhebliche rechtsstaatliche Konsequenzen zur Folge. Am Abend des 26. Oktober 1962 wurde der „Spiegel"-Herausgeber Rudolf Augstein und mit ihm einige Redaktionskollegen verhaftet.[29] Ziel der Regenten aus Bonn (keine geborenen Demokraten) und insbesondere Adenauers, Patriarch und Jurist aus Kaiserzeit, war es, endlich das

---

[25] Vgl. Funke 14, Zitat ebd.

[26] „Mit den Verträgen von Moskau, Warschau, Ostberlin und Prag werden Grenzanerkennung und Gewaltverzicht zur Handlungsgrundlage in Europa." Ebd.

[27] Flemming und Ulrich, Bewährungsprobe 85.

[28] Vgl. Körner, Die Ära Adenauer 132f.

[29] Mit Rudolf Augstein saß nun einer der einflussreichsten, kritischen Journalisten im Gefängnis, denn das 1947 nach amerikanischem Vorbild gegründete Nachrichtenmagazin „Der Spiegel" entwickelte sich in der Nachkriegszeit zu einer publizistischen Bastion. Das führte dazu, dass die deutsche Presse insgesamt als „vierte Gewalt" neben Legislative, Exekutive und Jurisdiktion durchaus auch als kritisches Korrektiv im Staat wahrgenommen wurde. Vgl. Flemming und Ulrich, Bewährungsprobe 86.

„Schmutzblatt" (Adenauer), welches getrieben war „vom rücksichtslosen Vernichtungswillen" (Strauß) zu ruinieren und damit ein der Bundesregierung kritisch gegenüberstehendes Bollwerk aus dem Weg zu räumen.[30] Für dieses Ziel wurden sämtliche Register gezogen: Bundesanwälte aus Karlsruhe, Fahnder des BKA, Polizisten vom Überfallkommando, Geheimdienst und eine Rückholung des Autors Ahlers, der den Stein ins Rollen gebracht hatte, aus seinem spanischen Urlaubsort mit internationaler Beteiligung.[31] Die Polit-Affäre begann, als erste Nachforschungen ergaben, dass sämtliche militärische Informationen an irgendeiner Stelle bereits veröffentlicht waren und der stellvertretende Chefredakteur Ahlers mit seinem Artikel lediglich eine „Fleißarbeit [...] als ein Stück Enthüllungsjournalismus" abgeliefert hatte.[32] Die Aktionen der Bundesregierung gegen den „Spiegel" stießen im Verlauf der Zeit immer mehr auf Proteste. So fand etwa eine breit angelegte und ungeahnte Solidarisierung mit den Opfern statt, welche sich in den verschiedensten gesellschaftlichen Milieus niederschlug.[33] Es entwickelte sich eine Freiheitsbewegung, die sich im öffentlichen Leben bemerkbar machte und vor allem auch von der jüngeren Generation mitgetragen wurde, für die Pressefreiheit und Demokratie zu einem hohen Gut gehörten, für das es sich zu kämpfen lohnte.[34] Perfekt wurde die Polit-Affäre, als nach gründlichen Recherchen deutlich wurde, wie tief Adenauer und Strauß in die Sache verwickelt waren und trotz belastender Beweise immer noch ihre eigene Sicht der Dinge zurechtbogen. Dennoch, die westdeutsche Demokratie hatte gewonnen. „Im Rückblick erscheint die 'Spiegel-Affäre' fast wie eine 'zweite Staatsgründung' der Bundesrepublik, insofern ein Großteil der Bevölkerung sich entschlossen zeigte, jede Einschränkung fundamentaler Freiheitsrechte zu verhindern."[35] Damit markiert die „Spiegel-Affäre" nicht nur das Ende der 50er Jahre und den Beginn der 60er Jahre, sondern auch den „Auftakt zu einem Jahrzehnt, in dem vor allem die (akademische) Jugend ihre Kritik und [ihre] alternativen Vorstellungen von Lebensführung und Gesellschaft auf die Straße trug".[36]

---

[30] Vgl. Augstein auf: http://www.spiegel.de/spiegel/print/d-25662240.html.

[31] Vgl. a.a.O.

[32] Vgl. Flemming und Ulrich, Bewährungsprobe 89, Zitat ebd.

[33] „Zahlreiche Einzelpersonen, Gruppen und Verbände - von renommierten Schriftstellern der 'Gruppe 47' wie Günter Grass und Hans Magnus Enzensberger über kirchliche Gruppen, die sozialdemokratische Jugendorganisation 'Die Falken', die 'Humanistische Union' e tutti quanti - brachten ihre Empörung über das staatliche Vorgehen gegen den 'Spiegel' zum Ausdruck" A.a.O. 90f.

[34] Erstmals in der Geschichte der BRD traten Straßendemonstrationen als allgemein anerkannte politische Meinungsäußerung auf.

[35] Flemming und Ulrich, Bewährungsprobe 96.

[36] Vgl. a.a.O. 96, Zitat ebd.

2.1.2 Die Große Koalition

Am Ende der 60er Jahre wurde die vom „Wirtschaftswunder" verwöhnte westdeutsche Gesellschaft mit einer beginnenden Rezession konfrontiert. Aufgrund eines Haushaltsdefizits (vier Mrd. DM) und der sich verstärkenden Staatsverschuldung sowie einem adäquaten Umgang der zutage tretenden wirtschaftlichen Schwierigkeiten kam es zum Bruch zwischen den Regierungsparteien CDU/CSU und FDP.[37] Nachdem bereits 1962 vor dem Hintergrund der „Spiegel-Affäre" die Möglichkeit einer Großen Koalition sondiert worden war, was jedoch an der Person Adenauer scheiterte, war es nun 1966 so weit. Als die FDP von ihrer Regierungsverantwortung zurückgetreten war, weil sie u.a. die geplante Steuererhöhung zur Eindämmung des Finanzhaushalts nicht mittragen wollte, kam es zu Neuverhandlungen mit der SPD. Daraufhin konstituierte sich am 1. Dezember 1966 die erste Große Koalition aus den beiden größten Volksparteien (CDU/CSU und SPD) der Bundesrepublik.[38] Im neuen Regierungsbündnis verstanden sich beide Parteien von Anfang an als eine „Koalition auf Zeit", also ein Zweckbündnis, „gebildet zur Lösung ganz bestimmter Aufgaben", im Besonderen der Begegnung der ökonomischen Krise.[39] Innenpolitisch gelang es der neuen Regierung, eine Menge neuer Reformen und Gesetze zu verabschieden (auch unpopuläre wie etwa die Notstandsgesetze).[40] Besonders dynamisch agierte die Große Koalition in der Wirtschafts- und Finanzreform, so dass es ihr schnell gelang, die Rezession zu überwinden, und bereits 1968 wieder ein deutliches Wirtschaftswachstum zu verzeichnen war.[41] Außenpolitisch gelang mit der Aufnahme diplomatischer Beziehungen zu Rumänien und Jugoslawien sowie dem Briefwechsel zwischen Bundeskanzler Kiesinger und dem DDR-Ministerratsvorsitzenden Stoph (1967) ein Neuansatz und damit auch die Aufgabe der Hallstein-Doktrin.[42] Die Regierungsbildung aus CDU/CSU und SPD setzte die Parlamentsdemokratie aber auch einer erheblichen Belastung aus, denn das Fehlen einer starken Opposition im Parlament schwächte die Demokratie und förderte eine innenpolitische Radikalisierung.[43] „Vor allem in der jüngeren Generation breitet sich das Bild eines geschlossenen politischen und wirtschaftlichen Estab-

---

[37] Vgl. Roedig, Bundesrepublik 296.

[38] Vgl. a.a.O. 296ff.

[39] Vgl. Fragen an die deutsche Geschichte 401, Zitate ebd.

[40] „In den Jahren der Großen Koalition wird das Grundgesetz häufiger geändert als während jeder anderen Regierungsperiode." A.a.O. 402.

[41] Vgl. a.a.O. 402f.

[42] Die Hallstein-Doktrin ist eine außenpolitische Doktrin der Bundesrepublik Deutschland, benannt nach dem damaligen Staatssekretär Hallstein im Auswärtigen Amt. Sie besagt, dass die BRD keine diplomatischen Beziehungen zu einem Land unterhält, welches die DDR anerkennt. Durch die Beziehungen zu Rumänien und Jugoslawien wurde die Doktrin erstmals „durchlöchert" und später durch die neue Ostpolitik der sozialliberalen Koalition gänzlich aufgegeben. Vgl. Geiss, Geschichte griffbereit 687.

[43] „Eine nur 50 Abgeordnete starke Opposition konnte kein effektives Gegengewicht gegen eine Regierungsmehrheit von 446 Abgeordneten darstellen." Roedig, Bundesrepublik 298.

lishments aus, das die Demokratie nur noch als Mittel zur Befestigung seiner Herrschaft benutze und sich gegen jede Veränderung sperre."[44] Eine Situation, die mit zu den Protestaktionen und der Entstehung der Außerparlamentarischen Opposition (APO) jener Jahre beitrug.[45]

2.1.3 Die Notstandsgesetze

Zu den einschneidenden innenpolitischen Maßnahmen der Großen Koalition gehörte die Aufnahme der sogenannten Notstandsgesetze in das Grundgesetz. Diese Grundgesetzänderung war nötig geworden, um das Besatzungsstatut der alliierten Siegermächte abzulösen und um zu einer vollständigen und selbstständigen deutschen Souveränität zurückzukehren.[46] Kernstück der Notstandsgesetze ist die Notstandsverfassung, welche dem Staat bei inneren und äußeren Bedrohungen die Möglichkeit einräumt, die Grundrechte seiner Bürger aufzuheben. „Die Verfassungsergänzungen für den Fall des Notstandes beinhalten u.a. den Einsatz der Bundeswehr bei inneren Unruhen und die Aufhebung des Brief-, Post- und Fernmeldegeheimnisses im Notstandsfall."[47] Aus der Perspektive der Befürworter sollte die Notstandsgesetzgebung auch ein Ausdruck dafür sein, „eine in 15 Jahren gefestigte Demokratie auch im Ausnahmezustand funktionsfähig zu halten"[48]. Vor dem Hintergrund der Weimarer Republik und dem Missbrauch der staatlichen Autorität wurde 1949 bei der Initiation des Grundgesetzes auf eingehende Sonderregelungen in Ausnahmefällen verzichtet, um genau diesen Gefahren vorzubeugen bzw. sie auszuschließen. Die Gegner der Notstandsgesetze sahen nun in der Verabschiedung derselben genau diese Gefahr gegeben und „befürchteten eine Aushöhlung des liberalen Rechtsstaates und witterten gar undemokratische, autoritäre Absichten".[49] Für viele Gegner (Gewerkschaften, Intellektuelle, Schüler und Studenten) war es ein Schock zu erleben, dass ihr Protest ohne nennenswerte Wirkung auf die parlamentarischen Entscheidungen blieb und die Gesetze letztlich verabschiedet wurden. Vor allem die sich entwickelnde Studentenbewegung interpretierte diese Entscheidung als provozierende Agitation des politischen Establishments.[50] Nicht zuletzt waren dieses Ereignis und viele andere (u.a. das Fehlen einer parlamentarischen Oppositionspartei) dafür verantwortlich, dass sich Gegner, Andersdenkende und Kritiker in der APO zusammenschlossen und Oppositionspolitik betrieben, um ihrem Ohnmachtsempfinden Ausdruck zu verleihen.

---

[44] Fragen an die deutsche Geschichte 402.
[45] Vgl. Roedig, Bundesrepublik 298.
[46] Vgl. a.a.O. 299.
[47] Ebd.
[48] Ebd.
[49] Vgl. a.a.O. 299f, Zitat ebd.
[50] Vgl. a.a.O. 300.

2.2 „Vom Schweigen zum Handeln: Der Stachel der unbewältigten Vergangenheit"[51]

Ein weiterer Parameter: Neben der innenpolitischen Entwicklung führte auch die Frage nach dem Umgang mit der Vergangenheit zu dem Aufschrei der Jugend, insbesondere die Aufarbeitung des Dritten Reiches und der Nazi-Diktatur, denn viele ehemalige Verantwortungsträger und ehemalige Kader waren auch in der jungen Bundesrepublik weiter in wesentlichen und einflussreichen Stellen aktiv. „Das politisch-moralische Skandalon der nahezu ungebrochenen [...] Kontinuität der Funktionseliten vom 'Dritten Reich' zur Bundesrepublik bildete [...] den hauptsächlichen Ausgangspunkt jener Entfremdung zwischen den Generationen"[52], die sich in den frühen sechziger Jahren vollzog. So zeichnete sich ein Generationenkonflikt ab, in dem die Väter der Jugend auf den Anklagebänken saßen. „Mehr als irgendwo sonst in Europa (nicht zu reden von den USA) resultierten diese Konflikte in der Bundesrepublik aus den Erfahrungen des Zweiten Weltkriegs - genauer gesagt, aus dem Umgang mit dem Nationalsozialismus und seinen Verbrechen."[53] Letztlich liegt in der vergangenheitspolitischen Aufladung des Konflikts in der BRD auch die größte Divergenz zu anderen Revolten in westlichen Demokratien. Die Wahrnehmung der heranwachsenden 68er Generation wurde durch die beginnende und laufende Aufarbeitung der NS-Verbrechen geprägt. So konstituierte sich etwa durch Schullektüre (z.B. „Das Tagebuch der Anne Frank") und die öffentliche Ahndung ungesühnter Verbrechen des Nazi-Regimes in der jüngeren Generation ein vergangenheitskritisches Bewusstsein und ein sensibilisiertes Gerechtigkeitsempfinden, welches immer auch die eigene Herkunft, sprich die Vergangenheit der Eltern kritisch beleuchtete.[54] Jedoch erlebten die jungen Protagonisten der sechziger Jahre in Bezug auf die Vergangenheit in ihren eigenen Familien eher ein Klima des „kommunikativen Beschweigens", das nicht selten zu gescheiterten Vater-Sohn- bzw. Mutter-Tochter-Beziehungen führte.[55] Angefacht von vielfachen Enthüllungen über Ex-Nazis in Politik und Gesellschaft[56], wurden viele Studenten zu der Annahme veranlasst, dass in der BRD eine „Restauration faschistischer Verhältnisse" im Gange war. Das vielleicht populärste Transparent der Studentenbewegung: „Unter den Talaren Muff von 1000 Jahren", das am 9. November 1967 von Jungsozialisten der im traditionellen Amtsornat (zur Feier des 500-jährigen Jubiläums der Universität Hamburg) einziehenden Professoren vorangetragen wurde, brachte diesen Generalverdacht besonders zum Vor-

---

[51] Gilcher-Holtey, Die 68er Bewegung 56.
[52] Frei, Jugendrevolte 78.
[53] Ebd.
[54] Vgl. a.a.O. 79.
[55] Vgl. a.a.O. 80, Zitat ebd.
[56] „Bei der Entfaltung dieses Konflikts [...] mischten Ost-Berliner Stellen als Stichwortgeber wie als Faktenlieferanten direkt und indirekt nach Kräften mit. Sich selbst als Hort des Antifaschismus begreifend und damit scheinbar aller Probleme ledig, versuchte die DDR mit immer neuen Kampagnen aus Hitler sozusagen einen Westdeutschen zu machen und aus der Bundesregierung das 'Braune Haus in Bonn'." A.a.O. 84.

schein.[57] Die Konfrontation zwischen Ex-Wehrmachtsleutnants und Neo-Militanten, „die sich prototypisch im Clash zwischen BILD und APO ausdrückte" und mit dem Attentat auf Dutschke und den anschließenden Osterunruhen ihren Höhepunkt erreicht, ist kein *normale:* Generationskonflikt[58], sondern vielmehr ein äußerliches Zeichen eines „unbewältigten Zeitalters der totalitären Massenbewegungen".[59] Vor diesem Hintergrund erscheint das Bedürfnis eine Trennlinie zwischen den Erfahrungen der Eltern und den eigenen zu schaffen sowie einer Gesellschaft zu entkommen, die eben erst begonnen hatte, ebenso begreiflich wie auch naiv. Jedoch bewirkten die Erfahrungen aus früherer Zeit, „aus der Vergangenheit ein Mandat zum Engagement in der Gegenwart abzuleiten"[60].

Exkurs: Zur Theorie antiautoritären Handelns

Hans Magnus Enzensberger, Theodor W. Adorno und Rudi Dutschke konstatierten in ihren Reflexionen über den Nazi-Terror immer wieder die *Gefahr der Wiederholung.* So bezeichnete Adorno Auschwitz etwa als „Ausdruck einer überaus mächtigen Tendenz [...] der im Zivilisationsprozeß selbst angelegten Barbarei"[61].

Man war sich einig, dass der Aufstieg des Nationalsozialismus sowie die Wurzel allen gesellschaftlichen Übels in der autoritären Grundstruktur der Gesellschaft selbst angelegt waren. Aus diesem Grund sah man auch die Gefahr der Wiederholung gegeben, denn es hatte sich zwar ein politisches System geändert, aber das zentrale Strukturelement, die autoritäre Charakterstruktur, sah man in der BRD weitgehend erhalten.[62] Ausgehend von Adornos „Studien zum autoritären Charakter"[63], kommt Dutschke zu dem Schluss, „die Erziehung neuer Menschen anzustreben"[64]. Nur wenn das Individuum ein Höchstmaß an Autonomie erlangt, indem antiautoritäres Handeln als permanenter Lernprozess in die Erziehung integriert wird, kann dem Faschismus, der in der täglichen Ausbildung des Menschen zu autoritären Persönlichkeiten sein Gesicht zeigt (so Dutschke), widerstanden werden.[65]

---

[57] Vgl. Koenen, Der Muff von tausend Jahren 145, Zitat ebd.
[58] Sozialpsychologen sprechen an diesem Punkt von einem *Ineinander* der Weltkriegsgenerationen und ihres in den Trümmern der Katastrophe aufwachsenden Nachwuches (der an narzisstischer Kränkung litt, die sich im alltäglichen Vorwurf: „Was habt ihr schon erlebt?" niederschlug), sie, „die mit kindlicher Insistenz versuchten", in den unzugänglichen Kern der Eltern einzutauchen und mit „politische[m] Aktivismus den traumatischen Erfahrungen der Eltern etwas 'Eigenes' entgegenzusetzen". Vgl. a.a.O. 151, Zitat ebd.
[59] Vgl. a.a.O. 148f., Zitate ebd.
[60] Gilcher-Holtey, Die 68er Bewegung 57.
[61] Adorno, zitiert nach Gilcher-Holtey, Die 68er Bewegung 59.
[62] Vgl. ebd.
[63] Diese (sowie die generellen Studien der *Frankfurter Schule*) bilden zugleich die Grundlage der Gesellschaftskritik des antiautoritären Flügels innerhalb des SDS.
[64] Dutschke, zitiert nach Gilcher-Holty, Die 68er Bewegung 59.
[65] Vgl. a.a.O. 59f.

Es wurde ein Mobilisierungsprozess von antiautoritären Handlungsmaximen losgetreten, der sich durch alle gesellschaftlichen Milieus („von der Familie über den Hörsaal bis zum Gericht") erstreckte.[66] Das Repressionspotential, das der neuen Bewegung von staatlicher Seite entgegenschlug, bestätigte die jungen Provokateure nur, in ihren antiautoritären Aktionen fortzufahren.

3. Außerparlamentarische Opposition und Studentenbewegung

3.1 Kleine Chronologie der Ereignisse

Einen klaren Beginn bzw. eine Konstitution der 68er Bewegung auf einen terminlichen Anfangspunkt zu setzen, ist aus Sicht des Verfassers nicht möglich. Vielmehr sind die verschiedenen Protestentwicklungen in dem unter Kap. 2 dargestellten Kontext zu begreifen. Dennoch soll im Folgenden, dargestellt in vier Phasen, der Versuch unternommen werden, einen Verlauf bzw. einige Wegmarken der Ereignisse zu skizzieren.

3.1.1 Vorphase: 1960-1965/66

Eine Determinierung der Jahre 1960 bis 1966 könnte lauten „Vom single-purpose-movement zur Außerparlamentarischen Opposition."[67] Es entwickelten und formierten sich in der BRD seit 1960 zunächst drei voneinander getrennte Bewegungen. Als erstes entstand parallel zur Diskussion über die Bewaffnung der Bundeswehr mit Atomwaffen die Ostermarschbewegung. Diese anfänglich pazifistisch motivierte und von moralischer Empörung durchdrungene Bewegung galt zunächst als eher unpolitisch. Ab 1963 jedoch politisierte sich die Bewegung zunehmend und bot auf Seiten der Intellektuellen und der linken Abrüstungsgegner eine ungewohnte und anziehende Sogwirkung.[68] Ebenfalls seit 1960 kam es, zunächst auf Seiten von Juristen, Staatsrechtlern und Politikwissenschaftlern, zu einer intellektuell und universitär geprägten Opposition zu den geplanten Notstandsgesetzen. Später weitete sich die Opposition durch Aufnahme und Mobilisierung der linksliberalen Öffentlichkeit sowie großer Einzelgewerkschaften (IG Metall und IG Chemie) zu einer zweiten Bewegung aus.[69] Als dritte und letzte Bewegung entwickelte sich die Studentenbewegung um den Sozialistischen Deutschen Studentenbund (SDS). Nachdem es bereits im Vorfeld zu Auseinandersetzungen zwi-

---

[66] Man begann mit dem Aufbau und der Etablierung von Gegenstrukturen. So entstanden etwa Institutionen, in denen neue Beziehungsformen erprobt und gelebt wurden (z.B.: Kommunen, Kinderläden, Gegenuniversitäten u.a.). Vgl. a.a.O. 60f.

[67] Richter, Die APO 50.

[68] Vgl. a.a.O. 51.

[69] Vgl. a.a.O. 52f.

schen SPD und dem ihr nahe stehenden SDS kam, die sich vor allem an der politischer Ausrichtung entzündeten[70], kam es im November 1961 zur endgültigen Trennung.[71] Noch im selben Jahr erschien die Hochschuldenkschrift des SDS, die als Grundlage der Proteste an den Hochschulen identifiziert werden kann. Eine durch die Trennung von der SPD resultierende Isolation wurde durch Gespräche mit einer Vielzahl anderer Studentenbünde abschließend mit dem „Hoechster Abkommen" überwunden, so dass mit dem Beginn der „anti-autoritären" Revolte der SDS eine strategische Führungsrolle innerhalb der Studentenschaft übernahm.[72]

3.1.2 Erste Phase: 1965-1967

Die Aktionen der ersten Phase konzentrieren sich zunächst geografisch auf West-Berlin. Zum einen, weil eine Reihe von führenden Repräsentanten als Flüchtlinge aus der DDR kamen und „vom 'kapitalistischen' System enttäuscht waren und ihre in der DDR anerzogene marxistische Grundschulung [...] zum Kampf für einen humanen Sozialismus einsetzen wollten"[73] (z.B. Rudi Dutschke). Zum anderen zog das Otto-Suhr-Institut (Zentrum für Politologie in der BRD) am Standort Berlin eine Menge Studenten der Sozial- und Politikwissenschaften an, welche ihr Studium gleichzeitig mit der politischen Praxis verbanden. So kam es neben einigen Vietnam-Demonstrationen (mit anfänglich hochschulinternem Charakter) vor allem auch zu Aktionen, die sich gegen interne Maßnahmen, etwa Verwaltung und Hochschulpolitik der Freien Universität Berlin (FU), richteten.[74]

3.1.3 Zweite Phase: 1967-1968

Die zweite Phase einleitend und zugleich ein erster Höhepunkt der Protestbewegung war der Tod des Studenten Benno Ohnesorg am 2. Juni 1967, der „bei einem Tumult vor der Deutschen Oper in Berlin anlässlich des Staatsbesuchs des Schahs von Persien" von einem Polizisten erschossen wurde.[75] Dieses Ereignis kann zugleich als Paradigmenwechsel von einer bisher relativ friedlich verlaufenden zu einer sich radikalisierenden Bewegung bezeichnet werden. So löste der Tod von Ohnesorg eine breite Solidarisierung von Menschen (weit über Berlin hinaus) aus, die sich bisher eher passiv oder beobachtend verhalten hatten.[76] Beson-

---

[70] Im Besonderen an den Fragen der deutschen Wiederbewaffnung, der Anti-Atomtod-Bewegung sowie am *Godesberger Programm* der SPD, welches sich der politischen Mitte öffnete.
[71] Vgl. Langguth, Protestbewegung 24.
[72] Vgl. a.a.O. 25.
[73] A.a.O. 26.
[74] Vgl. a.a.O. 25f.
[75] Vgl. Gilcher-Holtey, Die 68er Bewegung 66, Zitat ebd.
[76] Vgl. ebd.

dere Beachtung in der ganzen BRD fand der SDS-Kongress „Bedingungen und Organisation des Widerstands", welcher im Anschluss an die Beisetzung Ohnesorgs in Hannover statt-fand.[77] Die Berliner Ereignisse wurden von Vertretern des SDS sowie einigen Professoren „als Ausdruck vorweggenommener Notstandsmaßnahmen" interpretiert[78], was zur Folge hat-te, dass die Proteste nun auf ein innenpolitisches Ziel fokussiert wurden, „die Verhinderung der von der Großen Koalition dem Parlament als Entwurf vorgelegten Notstandsgesetze."[79] Angefacht durch die Ereignisse des 2. Juni gründete sich zur Vorbereitung eines Kongresses gegen die Notstandsgesetze ein Kuratorium „Notstand der Demokratie". Hier fanden sich Vertreter aus den oben beschriebenen „single-purpose-movements" (SDS, Ostermarschbe-wegung/Kampagne für Abrüstung, Bewegung gegen Notstandsgesetze) zusammen. In der Forschung wird dieser Zusammenschluss analytisch als „die Geburtsstunde der Außerpar-lamentarischen Opposition als einer Bewegung"[80] benannt. Während der Vietnamkrieg be-reits als ein Katalysator der Jugendproteste in den westlichen Demokratien galt und dieser später auch zur Synchronisierung der weltweiten Proteste beitrug, etwa auf dem am 17./18. Februar 1968 in Berlin (vor dem Hintergrund der „Tet-Offensive"[81]) stattgefundenen Interna-tionalen Vietnam-Kongress, stellte er nun die Proteste in einen internationalen Systembezug. Ebenfalls stellte die Konstitution der APO im Blick auf die Notstandsgesetze einen nationalen Systembezug her, in dem unterschiedliche und zum Teil divergierende Gruppen eine kollek-tive Identität gegen die große Koalition fanden.[82] Ein Höhepunkt war die Organisation des „Sternmarsches auf Bonn", der anlässlich der zweiten Lesung der Notstandsgesetze am 11. Mai 1968 stattfand und mehr als 60.000 Demonstranten mobilisierte.[83] Ein besonderes Cha-rakteristikum der zweiten Phase ist ein subversives und aktionistisches Vorgehen, das im-

---

[77] Vor allem der antiautoritäre Flügel des SDS um Dutschke mit seinem Aufruf, „Aktionszentren" zu gründen und öffentliche Aufklärungsarbeit über die Notstandsgesetze, die NPD, Vietnam und Latein-amerika zu leisten, steht für eine Politisierung der Studentenbewegung. Gleichzeitig setzte sich der antiautoritäre Flügel auch von der Allianz von Intelligenz und Arbeiterklasse (SED- und KPD-Mitglieder) ab, indem er eine Konzeption der Guerilla-Strategie forderte. „Am Vorbild der Befreiungs-bewegungen orientiert, forderten sie dazu auf, die 'Propaganda der Schüsse' in der Dritten Welt durch eine 'Propaganda der Tat' in den Metropolen zu ergänzen." Ziel war es, eine radikale Opposi-tion zu verbreiten, „die ihren Ausgang in einem Prozeß des Sich-Verweigerns in den Institutionen nehmen könne". Vgl. a.a.O. 67f., Zitate ebd.

[78] „Autoritäre Herrschaft in Hochschule, Staat und Gesellschaft schienen in den Berliner Ereignissen wie in einem Brennglas zusammengefaßt. [...] Die Schüsse vor der Deutschen Oper wurden als Höhepunkt einer Politik angesehen, die Minderheiten und Nonkonformisten auszuschalten versuch-te." Gilcher-Holtey, Die 68er Bewegung 67.

[79] A.a.O. 66f.

[80] Richter, Die APO 49.

[81] Die „Tet-Offensive" bezeichnet eine Reihe von militärischen Aktionen der nordvietnamesischen Ar-mee sowie des Vietcong, die vor allem auf psychologischer und politischer Ebene ein Erfolg waren und die Wahrnehmung des Krieges in der westlichen Welt nachträglich beeinflussten.

[82] Vgl. Richter, Die APO 49.

[83] Vgl. Gilcher-Holtey, Die 68er Bewegung 92.

mer wieder im Kontext von Gewaltanwendungen stand. Insbesondere nach dem Attentat auf Dutschke am 11. April 1968 kam es zu den „härtesten innenpolitischen Unruhen seit Bestehen der Bundesrepublik"[84]. Die Verantwortung für die Eskalation der Gewalt seitens der Studentengegner sahen die studentischen Linken vor allem in der Hetze und manipulativen Beeinflussung durch die Springer-Presse, welche Dutschke seit dem 2. Juni 1967 zum „Volksfeind Nr. 1" machte und damit die Revolte personalisierte.[85] „Überzeugt davon, dass '*Bild*' mitgeschossen' habe, beteiligten sich während des 'Osteraufstands' [...] Zehntausende an Blockaden und Gewaltaktionen vor den Auslieferungstoren der Springer-Druckereien."[86]

3.1.4 Dritte Phase: 1968-1970

Am 30. Mai 1968 wurden die Notstandsgesetze, die zuvor alle linken Kräfte zu einer Aktionseinheit (APO) formiert hatten, mit großer Mehrheit im Bundestag verabschiedet. Trotz Resignation wurde für das Jahr 1969 noch einmal ein „heißer Sommer" angekündigt. Jedoch war mit der Verabschiedung der Notstandsgesetze auch die verbindende Aktionsgrundlage verschwunden. Neben einigen Einzelaktionen, etwa der Störung der Bundesversammlung oder einer Aktion gegen den Besuch des amerikanischen Präsidenten, „brachte diese 'Rekonstruktionsphase' wieder eine deutliche Rückbesinnung auf die Hochschule als Agitationsfeld".[87] Mit dem Zerfall der Außerparlamentarischen Opposition und der Auflösung des SDS am 21. März 1970 begann eine zunehmende Zersplitterung der Bewegung in verschiedene und zum Teil stark divergierende Gruppen mit anarchistischen Tendenzen. Während auf bundespolitischer Ebene die sozialliberale Regierung mit dem Slogan „Mehr Demokratie wagen!" sowie dem symbolhaften Kniefall Willy Brandts in Warschau eine neue Politik eingeläutet hatte und viele kritische Gemüter zur Ruhe stimmte[88], begann zugleich eine neue Ära der militanten Gewalt. Nachdem die erhoffte Revolution ausgeblieben war und die Aufstandsappelle von den Universitäten im Volk keinen Widerhall fanden (anders in Frankreich), begann sich „ohne Massenbasis autorisiert [...] eine militante Elite zur Gewalt gegen Sachen und dann gegen Menschen"[89] zu formieren.[90]

---

84 Frei, Jugendrevolte 130.

85 Mit dem Aufruf „Enteignet Springer!" verfolgte man das Ziel, die überlegene ökonomische Macht des Springer-Konzerns aufzuweichen, der aufgrund von Privatvermögen und Druckmaschinen eine Monopolstellung innehatte, die öffentliche Meinungsbildung beherrschte und damit kritische und oppositionelle Stimmen zunehmend abriegelte. Vgl. Meinhof, Die Würde des Menschen ist antastbar 104.

86 Frei, Jugendrevolte 130.

87 Vgl. Langguth, Protestbewegung 28, Zitat ebd.

88 Vgl. Koenen, Der Muff von tausend Jahren 147.

89 Funke, Deutschland 1905 bis 2005 14.

90 „Eine intellektuelle Emotionalität fanatisiert sich zum terroristischen Kampf gegen die sogenannte strukturelle Gewalt des Herrschaftssystems. Was 1968 mit dem Kaufhausbrand unter Beteiligung von

3.2 Themen, Ziele und Forderungen der 68er Bewegung

„Der Grundgedanke, der 'um 68' hinter allem stand, und die Richtung, in die alles strebte, hieß Befreiung - von Autoritäten und aus Abhängigkeiten, aus Konventionen und von Traditionen, von lästigen Pflichten und überkommenen Moralvorstellungen."[91] Auf den Punkt gebracht: „mehr Demokratie, mehr Transparenz, mehr Partizipation"[92]. Auch eine vergleichende Analyse der Bewegungen im westlichen Ausland ergibt, neben allen nationalen Differenzen, dass Emanzipation, die Ausweitung von Partizipationschancen sowie Mitbestimmung bzw. Mitwirkungsrechte (an der Gestaltung der Gesellschaft) zu den zentralen Forderungen und Zielen von '68 gehörten.[93] Das Verlangen nach Demokratisierung aller gesellschaftlichen Teilbereiche verknüpfte sich mit dem Ziel „eines Bewusstseinswandels durch Veränderung der Bewusstseins- und Bedürfnisstrukturen [erstrebt] durch Nonkonformismus und Verweigerung gegenüber der Waren- und Konsumgesellschaft".[94] Auch die verbale Solidarität mit den globalen Befreiungsbewegungen und die dadurch intendierte Kapitalismus- und Imperialismuskritik gehörten zum festen Repertoire. „Es ging um nichts Geringeres als um eine bessere Welt."[95] Trotz eines ganzen Sammelsuriums avantgardistischer Ideen scheinen aus heutiger Perspektive die Anliegen von '68 weniger leicht fassbar als erwartet und werden vor allem in der Forschung kontrovers diskutiert.[96] Es bleibt zu berücksichtigen, dass jedwede Interpretation höchst subjektiv und meist auch von dem politischen Standort des zu Betrachtenden abhängig ist. So ist zu beobachten, dass die 68er Bewegung entweder glorifiziert oder dämonisiert und damit immer wieder zum Spielball wird bzw. für jeweilige Zwecke instrumentalisiert wird. Trotz vieler Überlagerungen und Verflechtungen der verschiedensten politischen und kulturellen Proteste lässt sich die 68er Bewegung als emanzipatorische, antiautoritäre, antikonservative, antikapitalistische, neomarxistische und gegenkulturelle Pro-

---

Gudrun Ensslin und Andreas Baader beginnt, liest sich als Blutspur der RAF durch 'bleierne Jahre' (Uwe Backes) bis hin zur Ermordung von Detlev Karsten Rohwedder 1990." A.a.O. 14f.

[91] Frei, Jugendrevolte 134.

[92] Ebd.

[93] Vgl. Gilcher-Holtey, Die 68er Bewegung 113, Zitat: „Erstrebt wurde eine Veränderung von Lenkungs- und Entscheidungsstrukturen in politischen, wirtschaftlichen, sozialen und kulturellen Institutionen durch den Abbau von Herrschaft und Hierarchien, durch Selbstbestimmung und Selbstverwaltung." Ebd.

[94] Vgl. a.a.O. 113, Zitat: ebd.

[95] Frei, Jugendrevolte 217. „Das Ziel ist, die Herrschaft des Menschen über den Menschen zu brechen, die Gesellschaft zu verändern, das *Establishment* zu beseitigen." Dönhoff, Im Wartesaal der Geschichte 191.

[96] Vgl. Gilcher-Holtey, Die 68er Bewegung 111; vgl. Frei, Jugendrevolte 209f. Auch etliche Protagonisten und Zeitzeugen der damaligen Zeit, die gewissermaßen im „Epizentrum des damaligen Bebens standen", können bis auf politische Essays, Erlebnisberichte oder Fallstudien heute keine systematische Bilanz vorlegen. Vgl. Rucht, Die Ereignisse von 1968 als soziale Bewegung 153f.

testbewegung klassifizieren, in deren Mittelpunkt die Liberalisierung des Individuums stand.[97] Gleichwohl soll hier darauf verwiesen sein, dass manches Denken und so manche Forderungen der damaligen Protagonisten über das Ziel hinaus schossen bzw. es an kritischer Reflexion fehlte. So kokettierten die jungen Liberalen vor allem immer wieder mit den Linksradikalen und pflegten eine Liebe zur Gewalt und zur „Blindheit gegenüber aktuellen und vergangenen Tatsachen". Neben den Mao-Lenin-Che-Guevara-Fidel-Castro-Ideen sind es vor allem das Mao-Tse-tung-Fieber und die damit verbundene chinesische Kulturrevolution, von denen die Studenten infiziert waren.[98] So erscheint es aus der Retroperspektive einigermaßen schizophren, wenn eine Generation, die ihren Eltern im Blick auf die Naziverbrechen Gleichgültigkeit und Desinteresse vorwarf, selbst aber der ideologischen Verblendung auf den Leim ging und einem Massenmörder huldigte.[99]

3.3 Folgen der 68er Bewegung

Das Jahr 1968 veränderte vor allem das Lebensgefühl einer ganzen Generation. Die signifikanten Transformationsprozesse im soziokulturellen Überbau der westdeutschen Gesellschaft hingegen wurden nicht allein von der deutschen Entwicklungen beeinflusst, sondern sind (s.o. Kap. 1.2) Ausdruck einer weltweiten sozialen Bewegung und somit in den Kontext der sozialen Dynamik, der Auf- und Umbrüche der 1960er Jahre zu stellen.[100] Dennoch können die innerdeutschen Entwicklungen von '68 als wichtige (wenn nicht als wichtigster) Träger identifiziert werden, die das neue Lebensgefühl von der Straße durch die Gesellschaft in die Institutionen hinein transportierten. „Aus der in den Jahren 1967/68 aus heutiger Sicht teilweise grotesk regierenden repressiv-juridischen Staatsmacht wurde eine den Gesellschaftskörper durchdringende, produktive Leistungsmacht, die besonders nachhaltig auch die politische Kultur veränderte."[101] Die seit 1968 zunehmende Politisierung des Alltags leitete „eine Veränderung der Wahrnehmungsperspektive ein, deren inhärente Dynamik Folgen zeigte". Denn sie war imstande, „die bisher die Gesellschaft prägenden 'objektiven' auf Tradition, Kirche und Staat rückführbaren Normen nachhaltig in Frage zu stellen".[102] Der von der Studentenbewegung ausgelöste Klimawechsel, der sich in nahezu allen Bereichen des sozialen Lebens ausbreitete, erfasste anfänglich vor allem Wandlungsprozesse, die unterhalb der Schwelle zur institutionellen Ordnung standen. In besonderem Maße trug die Protestbe-

---

[97] Vgl. a.a.O. 114.
[98] Vgl. Aly, Unser Kampf 106, Zitat a.a.O. 115.
[99] Vgl. Aly, Unser Kampf 108ff.; vgl. Frei, Jugendrevolte 217.
[100] Vgl. Frei, Jugendrevolte 131.
[101] Villinger, „Stelle sich jemand vor, wir hätten gesiegt" 332. Besonders die phantasievoll inszenierten, symbolischen Formen und Funktionen des Protestes (Sit-ins und Go-ins) haben sich bis in die Gegenwart erhalten und prägen nach wie vor die deutsche Protestkultur.
[102] Vgl. a.a.O. 335, Zitate ebd.

wegung zum Abbau von etablierten und konservativen Werten und Normen bei, die sich paradigmatisch in der antiautoritären Kinderladen-Bewegung, der Emanzipation der Frau (Neue Frauenbewegung) und der Liberalisierung der Sexualmoral (Sexuelle Revolution) niederschlug.[103] Durch die 1961 auf den Markt gekommene Anti-Baby-Pille als sicheres Empfängnisverhütungsmittel kam es zu tiefgreifenden Umbrüchen in den Bereichen Familie, Geschlechterverhältnis und Sexualität sowie zu einer nachlassenden „Bindungskraft der traditionellen Reproduktionsformen Ehe und Familie".[104] Die Frauen verließen den häuslichen Kontext und stellten sich dem Arbeitsmarkt zur Verfügung, und das „Sexuell-Intime trat aus dem Dunkel des *oikos* und öffnete sich der Kommerzialisierung".[105] In den Kommunen wurden private Rückzugsräume abgeschafft. Sämtliche Türen (auch Toiletten- und Badezimmertüren) wurden ausgehangen, um jegliche Individualsphäre zu unterbinden. Ehe und familiäre Strukturen galten als „institutionelle Begrenzung der Triebhaftigkeit" und damit als gewaltsame Fesseln der Sexualität, die es zu überwinden galt.[106] Kießling spricht an dieser Stelle von einer „Vergesellschaftung der Intimsphäre" und meint damit eine „Überführung des privaten Lebens und seiner Verrichtungen in den kollektiven Lebensprozess einer neuen, alternativen Gesellschaft".[107] Gleichwohl soll erwähnt sein, dass neben allen gewonnenen Freiheiten im Verlauf der 68er auch viele Zwänge erwuchsen und ins ideologische abglitten. Besonders deutlich wird dies an dem gern zitierten Slogan: „Wer zweimal mit der selben pennt, gehört schon zum Establishment".[108] Resümierend kann der Verfasser mit Frei zu dem Fazit kommen: „1968 war nicht das Jahr, das alles verändert hat, dazu war viel zu viel bereits im Gang. Aber nach '68' war fast nichts mehr so wie vorher".[109]

---

[103] Vgl. Villinger, „Stelle sich jemand vor, wir hätten gesiegt" 333.

[104] Vgl. Kießling, Die antiautoritäre Revolte, 36, Zitat ebd. Unterstützt wurde das neue Lebensgefühl auch von einer Reihe neuer Musikstile (Twist, Beat, Rock 'n' Roll) und Modeerscheinungen (Bikini, Minirock), die Körpergefühl und Erotik betonten und zum Ausdruck brachten. Vgl. ebd. und Frei, Jugendrevolte 133.

[105] Vgl. a.a.O. 38, Zitat ebd.

[106] Vgl. a.a.O. 40 u. 42, Zitat 42. Ähnliches galt auch für die Erziehung in den Kinderläden. Die Kinder wurden nicht mehr durch die eigenen Eltern erzogen, sondern durch ein Elternkollektiv. Wechselnde Bezugspersonen sollten die primäre Bindung der Kinder an ihre Eltern verhindern und eine Entfesselung der kindlichen Sexualität bewirken. Vgl. a.a.O. 46f.

[107] Vgl. Kießling, Die antiautoritäre Revolte, 59f., Zitate ebd. Hannah Arendt spricht in diesem Zusammenhang von einer allgemeinen „Tendenz der Moderne, die unmittelbaren Lebensverrichtungen aus der Abgeschiedenheit häuslicher Bindungen zu emanzipieren". Kießling 38.

[108] Vgl. Frei, Jugendrevolte 135f., Zitat 136.

[109] Frei, Jugendrevolte 228.

4. Kriterien-Tabelle

Aufgrund der vorangegangenen Darstellung und Beobachtung der 68er Bewegung lassen sich folgende Kriterien bestimmen

Kriterien-Tabelle	

Kennzeichen der 68er Bewegung	• Gesellschafts- und Kulturkritik
	• Kapitalismus- und Imperialismuskritik
	• Kritik am Umgang mit der Vergangenheit (NS-Zeit)
	• Kritik an Autoritäten
	• Subkulturelle Dynamik
	   o Gegenkultur (gegen Mainstream)
	   o Misstrauen gegen das Establishment
	   o Praxis der Provokation
	   o Subversive Aktionen
	   o Aufklärung durch Aktion
	• Infragestellung sämtlicher gesellschaftlichen Normen
	• Verweigerung konservativer Erwartungsstrukturen
	• Politisierung des Alltags

Forderungen der 68er Bewegung	• Mehr Demokratie
	• Mehr Transparenz (gesellschaftliche Abläufe)
	• Partizipation und Mitbestimmung (Gestaltung der Zukunft)
	• Emanzipation des Individuums (besonders der Frau)
	• Aufbruch gesellschaftlicher Konventionen und Traditionen
	   o Familie
	   o Freizeit
	   o soziale und sexuelle Beziehungen/Aufklärung
	   o Erziehung
	• Solidarität mit den globalen Befreiungsbewegungen
	• Mehr Freiheit (im Denken und Handeln)
	• Liberalismus

Ziele der 68er Bewegung	• Befreiung von Autoritäten und Abhängigkeiten • Schaffung einer neuen und besseren Welt • Neugestaltung der Gesellschaft

C. Die Diskussion im deutschen Baptismus

1. Einführung

Die leitende Frage, der der Verfasser in den nun folgenden Kapiteln nachgeht, heißt: Inwieweit hat die gesellschaftspolitische und soziokulturelle Aufbruchssituation um die 68er Bewegung Einzug gehalten in den deutschen Baptismus bzw. welchen unmittelbaren Einfluss hat die Bewegung auf ihn gehabt? Aufgrund der kongregationalistischen Verfasstheit deutscher Baptistengemeinden und der sogenannten Autonomie der Ortsgemeinde[110] ist es nur schwer möglich, in den folgenden Kapiteln eine repräsentative Vorstellung bzw. eine Diskussion im deutschen Baptismus vor dem Hintergrund der 68er Bewegung zu erörtern. Erschwerend kommt hinzu, dass der Verfasser auf keine bisherigen Veröffentlichungen und Publikationen zum Thema zurückgreifen kann, sondern sich nur aus einem Fundus unterschiedlicher und unsortierter Materialien und Quellen[111] bedienen kann. So muss an dieser Stelle festgehalten werden, dass alle Ergebnisse der folgenden Untersuchungen nur fragmentarischen Charakter haben und keinesfalls auf den ganzen Baptismus bezogen werden können. Auch ist sich der Autor aufgrund von Erfahrungen und Gesprächen mit Zeitzeugen der Brisanz und Emotionalität des Themas bewusst. Darüber hinaus ist eine Betrachtung der Ereignisse nach lediglich 40 vergangenen Jahren keinesfalls einfach, denn, so schreibt Hans Luckey im Rückblick auf das Dritte Reich:

> „Das Geschehen unter Menschen gleicht der fließenden Lava. Sie zu betreten und anzufassen wäre gefährlich und falsch. Erst wenn genügend Zeit vergangen ist und das Gestein erkaltet, dann darf man graben und forschen, so wie es am Vesuv geschah, als Pompeji und Herculaneum wieder ans Licht kamen und uns die Vergangenheit einer begrabenen Welt neu zeigten."[112]

Dennoch möchte der Autor versuchen, nüchtern und in neutralem Sinne herauszufinden, in welchem Umfang und Ausmaß die Aufbrüche der 68er Bewegung in den deutschen Baptismus hinein tradiert worden sind. Für diejenigen, die die Ereignisse selbst erlebt haben und

---

[110] Vgl. Brackney, Die baptistische Geschichte 173; Brandt, Vom Bekenntnis der Baptisten 210; Geldbach, Freikirchen - Erbe, Gestalt und Wirkung 212 u. 214. „Die baptistischen Gemeinden werden weder von einem Bischof (episkopal) noch von einem Ältestengremium (presbyterial) geleitet. Die oberste Entscheidungsinstanz in allen wesentlichen Fragen ist die Gemeinde als Ganzes. Weil alle Mitglieder grundsätzlich dieselben Rechte haben ist der Baptismus eine demokratisch organisierte Bewegung." Brot, Kirche der Getauften 111.

[111] Der Verfasser konzentriert sich im Wesentlichen auf die Zeitschrift „Die Gemeinde", einzelne Festschriften von Ortsgemeinden, Protokolle von den Bundeskonferenzen aus den entsprechenden Jahren sowie die Semesterzeitschrift (SZ) und die Zeitschrift „Wort und Tat".

[112] Hundert Jahre Evangelisch-Freikirchliche Gemeinde Hamburg-Altona I, 1871-1971, 42.

sich an diese evtl. auch anders erinnern, sei gesagt, „dass wir nur schwerlich den gesamten Kontext derer verstehen können, die uns vorangegangen sind"[113].

2. Der deutsche Baptismus in der Zeit um 1968 (60/70er Jahre)

Die nun folgenden Ausführungen sollen dazu dienen, in den historischen Kontext des deutschen Baptismus einzutauchen. Dabei verfolgt der Verfasser die Fragestellung: Wie war die Ausgangssituation bzw. das Setting des Baptismus in den 60er und 70er Jahren und wie sah der Reaktionsboden aus, auf dem sich die Gedanken von '68 evtl. ausbreiten konnten. Die Primärquelle für die nun folgenden Darstellungen stellt Günter Balders „Kurze Geschichte der deutschen Baptisten"[114] dar.

2.1 Aufbruch und Neuorientierung

„Auf der Suche nach neuen Wegen."[115] Mit dieser Überschrift beginnen die Darstellungen ab den 1960er Jahren in Balders kurzer Geschichtsdarstellung über den deutschen Baptismus. Eine Zeit von Veränderungen und Umbrüchen setzte ein, die zunächst mit einem „Generationswechsel von großen Ausmaßen" begann. So wird etwa von einigen Stabwechseln berichtet, die das Gemeindejugendwerk, den Sonntagsschuldienst, den Oncken-Verlag, die Leitung des Bundeshauses sowie den Vertreter der Brüdergemeinden und die Leitung der Zeltmission betrafen.[116] Einen ähnlich starken Wechsel erlebte der Bund auch in der DDR[117] sowie im Bereich der Diakonie. Hier kam es in allen drei Werken zu einem „gleitenden Übergang"[118]. Etwas langsamer vollzog sich der Generationswechsel am Theologischen Seminar in Hamburg. Nachdem Dr. Rudolf Thaut 1967 Dr. Hans Luckey als Seminardirektor ablöste, erhielt das Theologische Seminar in den Jahren 1969 bis 1974 vier neue Dozenten. Insgesamt ist eine Verjüngung der in Leitungsverantwortung stehenden Personen in den Struktu-

---

[113] Brackney, Die baptistische Geschichte 172.

[114] Vgl. dazu Günter Balders, Kurze Geschichte der deutschen Baptisten, in: Ein Herr - Ein Glaube - Eine Taufe. Festschrift 150 Jahre Baptistengemeinden in Deutschland (1834-1984), hg. v. Günter Balders, Wuppertal/Kassel 1984.

[115] Balders, Kurze Geschichte der deutschen Baptisten, 149.

[116] Vgl. a.a.O. 150, Zitat ebd.

[117] Durch die Teilung Deutschlands gab es ab 1969 offiziell zwei Baptistenbünde, die trotz der Trennung und bis zu ihrer Wiedervereinigung 1991 immer eng zusammen arbeiteten. Vgl. Der Bund Evangelisch-Freikirchlicher Gemeinden, Eine Selbstdarstellung 50.

[118] Ebd. Von Balders benannt werden nur das Diakoniewerk Tabea sowie das Albertinenhaus in Hamburg.

ren des Bundes zu beobachten.[119] Eine weitere Neuerung fällt mit der 1960 getroffenen Entscheidung, den Bundesrat jährlich stattfinden zu lassen, um das Kommunikationsgefüge zwischen dem Bund und den Ortsgemeinoen zu verbessern.[120] „Ohne Frage hat seitdem das Interesse an der im Bund nur gemeinsam zu leistenden Arbeit zugenommen."[121]

2.2 Unruhige Jahre

Nachdem der Baptismus in der Nachkriegszeit einen Wiederaufbau und Gestaltwandel erlebte[122] und durch die evangelistischen Aufbrüche in den Jahren 1946 bis 1950 (u.a. durch die Zeltmission, aber auch durch den Neuanfang in der Kinder- und Jugendarbeit) einen großen missionarischen Aufschwung erfuhr[123], kam es bereits in den 1950er Jahren wieder zur Stagnation. Die Gründe dafür sind vielfältig.

Zum einen kam es zu einer regelrechten „Austrittsbewegung ehemaliger BfC-Gemeinden und der Elimgemeinden", die sich nicht nur auf die Taufzahlen, sondern auch auf die Mitgliederzahlen auswirkte.[124] Zum anderen ließ die „Intensität des Gemeindelebens" nach.[125] Die tief greifenden Wandlungen, denen der deutsche Baptismus in der Nachkriegszeit ausgesetzt war, gingen auch nicht mit dem Beginn der 1960er Jahre zu Ende. Denn, so hält Balders fest: „Die Krisis war 1960 noch nicht überschritten."[126] Die kommenden Jahre werden

---

[119] Vgl. Balders, Kurze Geschichte der deutschen Baptisten 151 u. Fornaçon, Art. über Dr. Rudolf Thaut 364.

[120] Vgl. Balders, Kurze Geschichte der deutschen Baptisten 151.

[121] Ebd.

[122] Unterstützt wurde der Wiederaufbau von der Bruderhilfe sowie im Besonderen durch großzügige Unterstützung der Baptistenbünde aus den USA, Kanada und Schweden. Vgl. Balders, Kurze Geschichte der deutschen Baptisten 126f.

[123] „Nie zuvor und seither noch nicht wieder hat es in der Geschichte des deutschen Bundes solche Zugänge durch die Taufe gegeben: 1946-1950 nahezu 30.000. Allein 1948 wurden 7.456 Menschen getauft." A.a.O. 128.

[124] Vgl. Balders, Kurze Geschichte der deutschen Baptisten 145, Zitat ebd. Während der Zeit des Dritten Reiches kam es aufgrund politischen Drucks zu einer Reihe von Zusammenschlüssen. So kam es 1941 zu einer Vereinigung der Baptisten mit dem „Bund freikirchlicher Christen" (BfC), der Teile der „Brüdergemeinden" und der „Christlichen Versammlung" repräsentierte. Zuvor wurden bereits die vom „Verbot bedrängten Elimgemeinden" aufgenommen. Aus dieser Verbindung ging dann der neue Name „Bund Evangelisch-Freikirchlicher Gemeinden" hervor. Vgl. Geldbach, Freikirchen - Erbe, Gestalt und Wirkung 215f., Zitate ebd.

[125] So lässt sich etwa feststellen, dass neben den allgemeinen positiven Folgen des „Wirtschaftswunders" auch Nebenwirkungen für den Baptismus auftraten. Der Trend zum Eigenheim entzog vielerorts den Gemeinden die finanziellen Kräfte. „Arbeitsplatz, Wohngegend und Gemeindeort entfernten sich geographisch immer mehr von einander, das einfache 'Mitbringen' von Nachbarn und Kollegen erwies sich mehr und mehr als unmöglich". Nicht zuletzt brachte mancherorts der Auszug der Predigerfamilien aus den Kapellen das Gemeindeleben aufgrund der fehlenden personellen Komponente zum Erliegen. Vgl. Balders, Kurze Geschichte der deutschen Baptisten 146, Zitat ebd.

[126] Balders, Kurze Geschichte der deutschen Baptisten 152.

als „unruhige Jahre" beschrieben, die mit einer Vielzahl von Problemen und geistlichen Anfechtungen einhergingen und Hans Luckey 1970 das Fazit abrangen: „Die eigentlichen Krisen sind erst jetzt."[127] Eine Situation, die sich auch anhand der Mitgliederentwicklung in der BRD verifizieren lässt. So war etwa 1965/66 der „absolute Tiefstand in der gesamten 150jährigen Geschichte"[128] des Baptismus zu verzeichnen. Selbstverständlich kann geistliches Leben nicht ausschließlich an Zahlen und Statistiken reflektiert werden. Und dennoch können sie als Indiz für die Abnahme desselbigen fungieren. Denn, so hält Balders weiter fest: „Die über ein Jahrhundert lang mit biblischem Ernst geübte, kräftezehrende, leider auch nur zu oft rigoros und gesetzlich gehandhabte Ausschlußpraxis ist spätestens seit 1960 passé."[129] Aber auch der Rückgang der Stationsgemeinden sowie die allgemeine Motorisierung der Bevölkerung haben zu einer immer größeren geographischen Konzentration auf weniger Orte und damit einhergehend zum „Verlust missionarischer Präsenz vor Ort" geführt.[130] Am stärksten betroffen von inneren Wandlungen und Umgestaltung war allerdings die Jugendarbeit. So fasst Karl-Heinz Walter, Leiter des Gemeindejugendwerks (GJW) 1969 bis 1978, den Paradigmenwechsel in der Jugendszene wie folgt zusammen:

> „Verändertes Selbstverständnis der Jugendlichen (Jungsein als eigenständige Zeit); völlige Veränderung der Führungsstile (partnerschaftlicher Umgang und Abbau 'leerer' Autoritäten auf der einen, ein Hinterfragen jeglicher Autorität und ein massiver Orientierungsverlust auf der anderen Seite); starker Einfluß der Ideologisierung aller Lebensverhältnisse in Schule, Beruf und Freizeit und eine Überforderung der jungen Leute durch frühzeitige Entscheidungssituationen; Drogen- und Alkoholismusprobleme, aber auch eine neue Bereitschaft zum evangelistischen (Jesus-Bewegung!) und sozialen Engagement."[131]

Balders macht in seiner Darstellung darauf aufmerksam, dass die Jugend im Blick auf neue Zeitströmungen und Moden besonders empfänglich war und kommt zu dem Schluss: „Vieles, was sich in der 'veränderten Jugendszene' abspielte, ist analog der gesellschaftlichen Entwicklung auch in den Gemeinden wirksam geworden, als Bereicherung und Gefährdung".[132] Nicht zuletzt bleibt zu erwähnen, dass der deutsche Baptismus in keiner anderen Epoche so sehr „innergemeindlichen, interkonfessionellen und gemeingesellschaftlichen" Strömungen ausgesetzt war, so dass es bereits an ein Wunder grenzt, dass es zu keiner

---

[127] Luckey, zitiert nach Balders, Kurze Geschichte der Baptisten 152.
[128] Balders, Kurze Geschichte der deutschen Baptisten 153. „67.614 Mitgliedern im Jahre 1950 stehen 1969 67.166 gegenüber, ein jährlicher Verlust von 45. Das heißt: kein Wachstum, sondern insgesamt (bis 1973) Stagnation, ja ein deutlicher Rückgang, wenn man im Bezug auf die Mitgliederzahl die Bevölkerungsentwicklung berücksichtigen will." Ebd.
[129] Balders, Kurze Geschichte der deutschen Baptisten 154.
[130] Vgl. a.a.O. 155, Zitat ebd.
[131] A.a.O. 156.
[132] Vgl. Balders, Kurze Geschichte der deutschen Baptisten 156, Zitat ebd.

Spaltung oder ähnlichem gekommen ist.[133] Zu einigen besonderen Problemfeldern, die in jener Zeit erörtert und diskutiert wurden, gehören folgende: Dienst der Frau in der Gemeinde; Demokratie in der Gemeinde; Psychologie und Seelsorge; Sexualität, Ehe und Ehescheidung; Wehrdienst und Wehrdienstverweigerung; Studentenarbeit des Bundes; Gemeinde und Politik; soziales Engagement und die Friedensfrage.[134]

2.3 Konsolidierung und Lichtblicke

Neben der bisher fast ausschließlich düsteren Beschreibung des deutschen Baptismus soll nicht unerwähnt bleiben, dass im Kontext der Zeit auch „Zeichen des Zusammenfindens, Zusammenhaltens und -wirkens"[135] zu erkennen waren. Trotz aller Widrigkeiten und zeitgeschichtlichen Herausforderungen blieb der Baptismus seinem Kerngeschäft, seiner Mission und Evangelisation treu.[136] So entstanden neben zahlreichen missionarischen Aktivitäten in Europa (EBM) und Südamerika (MASA) viele Initiativen und Institutionen für den Bau des Reiches Gottes in Deutschland. Bibel- und Missionsschulen wurden gegründet, regionale Gebietsmissionen und Verkündigungswochen sowie klassische Groß-Evangelisationen (u.a. mit Billy Graham) wurden abgehalten. Ebenso gehören die Initiation der Heimatmission/Neulandmission sowie die Teestubenarbeit in diese bewegte Zeit.[137] Die Wahrnehmung gesellschaftlicher Aufgaben ist an der vielfältigen Zahl von diakonischen Einrichtungen im deutschen Baptismus zu erkennen. Baptistische Krankenhäuser, Sozialstationen, Senioren- und Altenheime, Familienzentren und Kindergärten ergänzten staatliche Angebote. Und auch milieuorientierte Arbeit begann im Baptismus. So wurde etwa 1967 das *Jesus-Center* in Hamburg (St.Pauli) eröffnet, das sich im Besonderen um gesellschaftlich Exkludierte (u.a. Drogenabhängige) sorgte.[138] Nicht zuletzt können die Verabschiedung einer neuen Verfassung (1974) sowie die Konstituierung einer Gemeindeerneuerungsbewegung (1975) als „mutmachende Zeichen" interpretiert werden.[139] Schließlich kam es auch durch die „in großer Zahl in die Bundesrepublik umgesiedelten russlanddeutschen Baptisten" seit den 1970er Jahren zu einer Konsolidierung der Tauf- und Mitgliederzahlen.[140]

---

[133] Vgl. a.a.O. 157, Zitat ebd.
[134] Vgl. Balders, Kurze Geschichte der deutschen Baptisten 158 u. Brandt, Chronik (1945-1984) 317-338.
[135] Balders, Kurze Geschichte der deutschen Baptisten 159.
[136] Mission und Evangelisation sind nach wie vor besondere Kennzeichen der baptistischen Bewegung weltweit. Vgl. Brot, Kirche der Getauften oder Kirche der Gläubigen 107.
[137] Vgl. Balders, Kurze Geschichte der deutschen Baptisten 160-164.
[138] Vgl. Balders, Kurze Geschichte der deutschen Baptisten 164f.
[139] Vgl. a.a.O. 159 u. Rust, Neue Wege gehen (aus dem Vorwort) 5.
[140] Vgl. Balders, Kurze Geschichte der deutschen Baptisten 166.

2.4 Fazit

Es bleibt festzuhalten, dass der deutsche Baptismus in den 60er und 70er Jahren eine bewegende Zeit erlebte. Vor allem war diese Zeit gekennzeichnet durch Mitgliederschwund, einen Generationswechsel und eine Identitätskrise im Blick auf das gemeinsame Gemeindeleben. Ein erstes Indiz für einen Reaktionsboden des sich verändernden politischen Klimas im deutschen Baptismus scheint in der Jugendarbeit erkennbar zu sein. Aber auch die Aussage Balders, dass viele Entwicklungen der säkularen Jugendszene analog dazu ihren Niederschlag in den Gemeinden des Bundes fanden, lässt Vermutungen einer Tradierung linksalternativen Gedankenguts erkennen. Wie genau eventuelle Auswirkungen der Jugendrevolte Einfluss auf den Baptismus bzw. auf die Jugend in den Gemeinden des BEFG genommen haben, soll in den nachfolgenden Untersuchungen erörtert werden.

3. Die Ereignisse um 1968 im Spiegel der baptistischen Wahrnehmung (1967-1972)

Die folgenden Untersuchungen, die an Publikationen des damaligen deutschen Baptismus durchgeführt werden, sollen herausarbeiten, inwieweit ein Reflex oder gar eine Aufnahme der Ideen von '68 stattgefunden haben bzw. diskutiert worden sind. Als Prüfstein fungiert die vom Verfasser (s.o.) erstellte Kriterien-Tabelle. Für die folgende Analyse wird ein Zeitraum von sechs Jahren (1967-1972) untersucht.[141]

Dem Verfasser erscheinen die hier zu untersuchenden Publikationen aufgrund der weiten Verbreitung (im Kontext des Baptismus) als besonders repräsentativ und damit aussagekräftig.

3.1 Betrachtung und Ergebnis aus der Zeitschrift „Die Gemeinde"

3.1.1 Jahrgang 1967

Unter der Rubrik „Interviews" findet sich in der Nr. 6 auf den Seiten 13 und 14 ein Interview mit Bischof D. Kurt Scharf mit dem Thema „Für eine konsequente Friedenspolitik", in dem

---

[141] Der Verfasser konzentriert sich in seinen Untersuchungen auf einen relativ kleinen Zeitraum. Jedoch erscheint es ihm gerechtfertigt, da gerade die Jahre 1967-1972 im Blick auf die 68er Bewegung besonders relevant sind. So geht der Verfasser davon aus, dass, wenn etwas in die Wahrnehmungswelt der deutschen Baptisten gedrungen ist, dann doch sicher im Kontext dieser impulsiven Jahre 1967-1972.

u.a. die Notstandsgesetze diskutiert werden.[142] Außerdem findet sich unter derselben Rubrik ein Interview mit dem Titel „Niemöller, Vietnam und Jesus", in dem sich der Kirchenpräsident sehr kritisch gegenüber dem Vietnamkrieg äußert.[143] Weiter findet sich unter der Rubrik „Zeitgeschehen und Zeitprobleme" ein Artikel mit dem Titel „Christliche Verantwortung in unserer Zeit". Hier finden sich sehr kritische Äußerungen zu innen- und außenpolitischen Themen sowie der Notwendigkeit, als Christ Verantwortung für die Gesellschaft und die Probleme der Zeit zu übernehmen.[144] Eine etwas umfangreichere Bezugnahme auf die Studentenproteste findet sich in dem Artikel ‚Berechtigte Opposition?" von Ulrich Hühne, der Opposition, sofern sie objektiv begründet ist, durchaus legitimiert und nachvollziehen kann.[145] Im Blick auf den 2. Juni (Attentat auf Benno Ohnesorg) und die Auseinandersetzungen um den Schah-Besuch ist der offizielle Befund negativ. Lediglich in der Ausgabe vom 8. Oktober (Nr. 41) findet sich ein Artikel mit dem Titel „Schahbesuch in Deutschland - einmal vom Missionsstandpunkt aus gesehen", in dem man sich mit dem Schah solidarisiert und sich für die politisch andersdenkenden Deutschen schämt.[146]

3.1.2 Jahrgang 1968

In der dritten Januarausgabe der ‚Gemeinde" (Nr. 3) findet sich ein Beitrag „Wie verhalten Christen sich zur Revolution?", in dem sich Günter Linnenbrink angesichts der zeitgeschichtlichen Aktualität mit diesem Thema auseinandersetzt.[147] Neben einem weiteren Artikel von Heinz Schumacher „Der Christ und die Mini-Mode", in dem die aktuelle Modekultur reflektiert wird[148], finden sich hauptsächlich Kurzmeldungen, die unter der Rubrik „Nachrichten und Notizen" subsumiert werden.[149] All diese Meldungen, die manchmal nur über wenige Zeilen reichen und einen eher informativen als meinungsbildenden Charakter haben, stammen zumeist nicht aus genuin baptistischer Feder und reichen über Auslands- und Konfessionsgrenzen hinweg. Im Blick auf die zeitgeschichtlichen Ereignisse fällt der offizielle Befund innerhalb der Zeitschrift „Die Gemeinde" jedoch wieder negativ aus. Weder das Attentat auf

---

[142] Vgl. Die Gemeinde 1967 (Nr. 6) 13f.
[143] Vgl. Die Gemeinde 1967 (Nr. 22) 6-8.
[144] Vgl. Die Gemeinde 1967 (Nr. 40) 2.
[145] Vgl. Die Gemeinde 1967 (Nr. 45) 2f.
[146] Vgl. Die Gemeinde 1967 (Nr. 41) 11f.
[147] Vgl. Die Gemeinde 1968 (Nr. 3) 2f.
[148] Vgl. Die Gemeinde 1968 (Nr. 17) 4-6.
[149] Folgende Kurzmeldungen hält der Verfasser für erwähnenswert: „Vietnam" (Nr. 8/12); „Keine 'Hippies' an baptistischer Universität" (Nr 14/12); „Wer den Vietnamkrieg rechtfertigt, macht sich schuldig" (Nr. 15/11); „Gegen sexuelle Verwilderung der Studenten" (Nr. 37/12); „Methode der Empfängnisverhütung - Sache des Gewissens" (Nr. 44/11); „Eine Denkschrift der Sexualethik" (44/11); „Was essen wir heute" (Nr. 45/12); „Diskussion um die Pille" (Nr. 46/11); „Die Unruhe in der Jugend und Gesellschaft" (Nr. 53/11).

Rudi Dutschke am 11. April noch die anschließenden heftigen Proteste und Auseinandersetzungen in der deutschen Öffentlichkeit finden einen Eingang in die „Gemeinde".

3.1.3 Jahrgang 1969

In den Zeitschriften des Jahrgangs 1969 finden sich keine expliziten Hinweise für eine Auseinandersetzung mit der 68er Bewegung. Dennoch handeln einige wenige Beiträge von den
allgemeinen Aufbrüchen in der Jugend. So ist etwa ein Beitrag von Charles Swift (aus der
Baptist Times) mit dem Thema „Ich bin es leid auf die Jugend zu hören" abgedruckt, der sich
sehr polemisch über die Anliegen der jungen Generation äußert.[150] Demgegenüber stehen
drei Beiträge, die sich etwas differenzierter zu dem Phänomen Jugendaufbruch äußern und
zum Teil auch etwas Empathie und Sympathie erkennen lassen.[151] So begibt sich Karl-Heinz
Walter in seinem Beitrag „Unruhe und Aufbruch in der Jugend" (Nr. 27) etwa auf Spurensu-
che für die Gründe des Jugendaufbruchs. Der nachstehende Beitrag „Den Umsturz der Verhältnisse herbeiführen?" (Nr. 27) lässt in soweit Verständnis erkennen, dass, so wie Jesus
Institutionen seiner Zeit in Frage stellte und sie von innen heraus veränderte, auch der Christ
dazu aufgerufen ist, Institutionen, in denen er lebt, zu mehr Gerechtigkeit zu verhelfen.[152]
Ergänzend treten noch zwei kleinere Meldungen aus der Rubrik „Nachrichten und Notizen"
hinzu, die jeweils ethische Themen und im Besonderen die Sexualmoral betreffen.[153]

3.1.4 Jahrgang 1970

Die Sichtung des Jahrgangs 1970 hat lediglich zwei Beiträge herauskristallisiert, die im Blick
auf die 68er Bewegung erwähnenswert sind. Interessant ist aber, dass in dem von Dr. Wolfgang Link verfassten Aufsatz „Gefährdet die junge Generation die Zukunft der Gemeinde"
(Nr. 6) explizit davon gesprochen wird, dass der revolutionäre Geist auch die junge Generation der Baptistengemeinden ergriff. Während die Jugend sozialpolitisches und gesellschaftspolitisches Engagement auch von den Gemeinden fordert und dies vom Autor auch
grundsätzlich nicht in Frage gestellt wird, verfolgt der Aufsatz die Frage nach Auftrag und
Motivation. Wer hat welchen Auftrag, und ist die Aufgabe, sich für die Welt zu engagieren,
gleichzusetzen mit der Verkündigung des Reiches Gottes?[154] In den Darstellungen des Beitrags von Dr. Eduard Schütz „Revolution und Bekehrung?" (Nr. 9) könnte man analog zu

---

[150] Vgl. Die Gemeinde 1969 (Nr. 18) 2.
[151] Vgl. „Gemeinde in Aktion - in der veränderten Gesellschaft" (Nr. 25/2); „Unruhe und Aufbruch in der
   Jugend" (Nr. 27/3); „Den Umsturz der Verhältnisse herbeiführen?" (Nr. 27/6).
[152] Vgl. Die Gemeinde 1969 (Nr. 27) 3-6.
[153] „Die 'Pille' verminderte die Zahl der Abtreibungen" (Nr. 13/12), „Liegt die 'Sexualkunde in den Schu-
   len' richtig?" (Nr. 33/12).
[154] Vgl. Die Gemeinde 1970 (Nr. 6) 3f.

dem Verhalten Jesu zu seiner Zeit eine verhaltende Zustimmung zu den Revolutionsprozessen innerhalb der deutschen Gesellschaft vernehmen. Jedoch macht der Autor des Beitrags deutlich, dass bei allem Aufbegehren und Oppositionsverhalten Jesus stets andere Revolutionsmethoden verwandte: keine Gewalt, sondern Liebe. Kein Schwert, sondern Leiden.[155] Außerdem finden sich unter der Rubrik „Nachrichten und Notizen" wieder einige kurze Meldungen.[156]

3.1.5 Jahrgang 1971

Für den Jahrgang 1971 erscheinen drei Beiträge als bedeutsam. Die Artikel „Jugend in den Problemen der Gegenwart" (Nr. 32) von Peter Gerlach[157], „Probleme heutiger Jugendarbeit" (Nr. 34) von Harry Dörr[158] und „Autorität und Partnerschaft" (Nr. 35) von Friedrich Hilliges[159] stehen in Auseinandersetzung mit den Problemen der derzeitigen Jugendkultur. Auffallend dabei ist, dass immer im Zusammenhang von „Unruhe" innerhalb der Jugend gesprochen wird, so dass man den Eindruck gewinnt, dass die zeitgeschichtlichen Ereignisse irgendetwas Abstraktes darstellen, mit dem man sich nicht wirklich auseinandersetzen möchte. So kommt es eher zu sehr allgemeinen Abhandlungen, in denen immer der Bezug zur Gemeindearbeit bzw. die Herausforderungen für die Gemeindearbeit diskutiert werden. Unter der Rubrik „Nachrichten und Notizen" finden sich wieder eine Reihe von Kurzmeldungen, die sich um allerhand sittliche Dinge drehen (im Besonderen Drogen und Pornografie).[160] Darüber hinaus sind zwei Beiträge zu erwähnen, die sich mit pädagogischen Fragen auseinandersetzen und stark von den Umbrüchen der 68er Bewegung betroffen zu sein scheinen. Es handelt sich um die beiden Artikel „Muß Aufklärung so sein?" (Nr. 1) von Prof. Dr. Joachim Illies und „Autorität in der Krise?" (Nr. 14) von Dr. Ulrich Beer.[161] Auch der Bericht „Ein junges Mädchen auf dem Theologischen Seminar" (Nr. 21)[162] ist dem Verfasser aufgefallen. Der Frage, inwieweit die Öffnung des Theologischen Seminars für Frauen bzw. die Offenheit, Frauen in den hauptamtlichen Gemeindedienst zu berufen, mit der Emanzipationsbe-

---

[155] Vgl. Die Gemeinde 1970 (Nr. 9) 3-5.
[156] Darunter: „Zur Sexwelle" (Nr. 37/11) und „Ausgerechnet Mao" (Nr. 37/12).
[157] Vgl. Die Gemeinde 1971 (Nr. 32) 3f.
[158] Vgl. Die Gemeinde 1971 (Nr. 34) 3f.
[159] Vgl. Die Gemeinde 1971 (Nr. 35) 3f.
[160] Darunter: „Bärte und lange Haare" (Nr. 5/11); „Warum ärgern uns die langen Haare junger Leute" (Nr. 8/10); „Ein Beitrag zur Klärung sexualethischer Fragen" (Nr. 13/11); „Theologische Erwägungen zur Sexualität" (Nr. 13/12); „Freigabe zur Pornographie"(Nr. 1/12); „Porno, Wissenschaft und wir" (Nr. 3/11); „Die Pornowelle" (Nr. 9/12); „Vom ersten 'Joint' bis zum Selbstmord" (Nr. 21/11); „Theologiestudenten als Hasch-Verbraucher" (Nr. 50/12). Es sei darauf hingewiesen, dass sich im Jahrgang 1971 eine Menge Kurzmeldungen mit dem Thema Rauschgift beschäftigen, die hier nicht alle genannt werden können.
[161] Vgl. Die Gemeinde 1971 (Nr. 1) 3f. und a.a.O. (Nr. 14) 3f.
[162] Vgl. Die Gemeinde 1971 (Nr. 21) 13f.

wegung der 68er in Verbindung steht, kann im Rahmen dieser Arbeit nicht nachgegangen werden und muss als Frage offen bleiben.

3.1.6 Jahrgang 1972

Ohne auf bestimmte Fragestellungen einzugehen oder spezifische Veränderungen in der Gesellschaft zu nennen, setzen sich einige Artikel recht allgemein mit den Herausforderungen der sozial-politischen Umbrüche auseinander. So wird immer wieder versucht herauszufinden, welche Auswirkungen und Herausforderungen die neue Moral für den gemeindlichen Kontext hat bzw. haben wird. Folgende Artikel behandeln diese Problematik im Besonderen: „Gemeinde in der pluralistischen Gesellschaft" (Nr. 20) von Helmut Ahlvers[163] und die Reihe „Neue Moral durch die Herrschaft Gottes" (Nr. 39, 40, 41) von Siegfried Liebschner[164]. Aber auch aktuell ethische Themen - „Wie hältst du's mit der Sexualität?" (Nr. 26)[165] - und Erziehungstendenzen - „Zur Freiheit erziehen" (Nr. 33)[166] - erhalten wieder Einzug in die baptistische Wahrnehmung. Darüber hinaus finden sich erneut einige Kurzmeldungen, die sich mit dem Thema Rauschgift beschäftigen.[167]

3.1.7 Ergebnis

Alle Artikel und Meldungen, die auf den ersten Blick und anhand der Kriterien-Tabelle einschlägig erschienen, sind vom Autor gesichtet bzw. überprüft worden. Es kann mit Sicherheit vorkommen, dass für manchen Leser, der das Inhaltsverzeichnis der einzelnen Jahrgänge studiert, vermeintlich mehr Themen in Erscheinung treten. Jedoch sei gesagt, dass nicht jeder Artikel mit einer auffälligen Überschrift gleichermaßen einen verdächtigen Inhalt enthält. Grundsätzlich muss der Verfasser feststellen, dass der offizielle Befund in der Zeitschrift „Die Gemeinde" zu den Ereignissen um die 68er Bewegung relativ mager ausfällt und man den Eindruck gewinnt, '68 hätte gar nicht stattgefunden. Sicher muss auch berücksichtigt werden, dass es sich bei der „Gemeinde" um kein „weltliches" Nachrichtenmagazin handelt und es somit berechtigterweise nicht immer auf die aktuelle Tagespolitik Bezug nimmt. Angesichts der weitreichenden Folgen für Politik und Gesellschaft hätte der Verfasser allerdings mehr Reflexion erwartet.[168] Wenn auch nicht im Detail, so war doch auf jeden Fall eine Wahrnehmung für die Ereignisse und die Umwälzungen in der Jugendkultur vorhanden. Auf-

---

[163] Vgl. Die Gemeinde 1972 (Nr. 20) 3f.
[164] Vgl. Die Gemeinde 1972 (Nr. 39, 40, 41) jeweils die Seiten 3f.
[165] Vgl. Die Gemeinde 1972 (Nr. 26) 2.
[166] Vgl. Die Gemeinde 1972 (Nr. 33) 6.
[167] Vgl. dazu das Inhaltsverzeichnis des Jahrgangs 1972 der „Gemeinde".
[168] Bei 52 Ausgaben pro Jahr erscheinen die Ereignisse um die 68er Bewegung doch relativ wenig berücksichtigt.

fallend ist, dass immer wieder sehr allgemein von einer „Unruhe" unter der Jugend gesprochen wird, so dass der Verfasser den Eindruck gewinnt, dass zwischen den Generationen ein unausgesprochener Graben existierte. Auf der einen Seite äußern sich viele Autoren in einer eher polemischen Art und Weise und lassen für den Aufbruch in der Gesellschaft wenig Empathie vermuten. Auf der anderen Seite lassen sich auch Beiträge ausmachen, die versuchen, den Kritikgeist zu verstehen und anhand der biblischen Zeugnisse ihren Wert zu erkennen. So lässt sich eine Vielzahl an Meinungen identifizieren, eine offizielle Auseinandersetzung oder Stellungnahme innerhalb der „Gemeinde" allerdings nicht.

Dennoch lässt sich anhand der unzähligen Kurzmeldungen (vor allem aus dem ethischen Bereich) eine gewisse Wahrnehmung der 68er Bewegung bzw. ihrer moralischen Begleiterscheinungen erkennen.[169] Aufgrund der Beobachtungen in der Zeitschrift „Die Gemeinde" kommt der Verfasser zu folgendem Ergebnis: Wahrnehmung - Ja; Diskussion - Nein.

3.2 Betrachtung und Ergebnis der Bundesratstagungen[170]

3.2.1 Aus dem Jahr 1967

In den offiziellen Berichten vom Prediger- und Jugendseminar finden sich keine Erwähnungen zu gesellschaftlichen Fragen.[171] In dem Bericht über die Studentenarbeit des Bundes wird mitgeteilt, dass sich die Studenten wünschen, im Kontext der für sie veranstalteten Programme mehr an der Diskussion protestantischer Theologie teilzunehmen. Auch wird davon berichtet, dass Studenten auf polemische Äußerungen in Predigten verzichten können und sich lieber selbst eine Meinung bilden. Auch vermissen die Studenten kompetente Gesprächspartner in den Gemeinden und fragen: Sind die Akademiker in unseren Gemeinden aus der geistigen Auseinandersetzung ausgestiegen?[172] Hier lassen sich erste Anzeichen bzw. Forderungen nach Demokratie, Aufklärung, Information und Partizipation erkennen. Im Bericht über das Studentenheim Marburg hingegen wird mitgeteilt: „Das Leben im Haus und in allen Gruppen verlief in den Bahnen bewährter und lebendiger Tradition".[173]

---

[169] Gerade auch die Kurzmeldungen aus dem Nachrichtenüberblick zeugen von dieser Wahrnehmung, auch wenn sie meist informativen und manchmal auch diffamierenden Charakter tragen.

[170] Gegenstand der nun folgenden Untersuchungen sind die offiziellen „Berichte der Bundesleitung an den Bundesrat" aus den Jahren 1967-1972.

[171] Vgl. Luckey, Predigerseminar 27f. und Sichelschmidt, Jugendseminar 29f.

[172] Vgl. Hühne, Studentenarbeit 36f.

[173] Pithan, Studentenwohnheim Marburg 37f.

3.2.2 Aus dem Jahr 1968

In den Mitteilungen vom Predigerseminar wird berichtet, dass die „Heiratsfrage" unter den Studenten diskutiert wird und sich die Verantwortlichen von Heiratswünschen der Studenten geradezu überrollt sahen. Dazu fordern die Seminaristen, „an solch schweren Entscheidungen beteiligt zu werden". Hans Luckeys Resümee über die Situation am Seminar: „Die neue Zeit mit neuen Anschauungen pocht also auch an die Türen des Seminars".[174] Auch die Studentenarbeit blieb von den Unruhen nicht unberührt. So wird berichtet, dass „das Verhältnis Student - Gemeinde [...] möglicherweise jetzt auch in dem größeren Rahmen Student - Gesellschaft gesehen werden" muss.[175] Darüber hinaus wird erwähnt, dass in den Kreisen der Studentenarbeit (Berlin, Bochum, Bonn, Göttingen, Hamburg, Heidelberg, Kiel, Marburg, Münster, Tübingen) immer wieder ethische Fragen diskutiert werden.[176] Und auch die internationale Studentenkonferenz in Rüschlikon mit dem Thema „Die Verantwortung des Christen in unserer Generation" sowie der Hinweis auf die in Hamburg-Altona stattfindende Pfingstkonferenz mit dem Thema „Gemeinde von heute in der Gesellschaft von morgen?" lassen Indizien für eine zunehmende gesellschaftspolitische Auseinandersetzung innerhalb der Studentenarbeit erkennen.[177]

3.2.3 Aus dem Jahr 1969

Aus dem Bericht vom Theologischen Seminar geht hervor, dass am Seminar in Hamburg im Sommersemester 1968 eine „explosive Atmosphäre" herrschte. Genaueres wird allerdings nicht genannt.[178] Weiter ist von einer „Initiativgruppe evangelisch-freikirchlicher Studenten" die Rede, die wohl maßgeblich zur kritischen Auseinandersetzung mit den Fragen der Zeit beigetragen haben soll. Aber auch hier fehlen genauere inhaltliche Angaben.[179] Als besonders herausragend erscheint dem Verfasser die Aussage: „Die wichtigste gemeinsame Arbeit ist jedoch die Studienreform". Lehrer und Seminaristen nahmen gleichermaßen Anteil an der gemeinsamen Entwicklung des Ausbildungs-Curriculums.[180] Das Moment der Partizipation und Mitwirkung bzw. Mitsprache der Seminaristen an einer Studienreform erscheint dem Verfasser im Blick auf die Situationen an den staatlichen Hochschulen doch als einigermaßen avantgardistisch und revolutionär. Wieder findet sich die Erwähnung der Unruhe und die

---

[174] Vgl. Luckey, Predigerseminar 37f., Zitate 38.
[175] Vgl. Hühne, Studentenarbeit 44, Zitat ebd.
[176] Vgl. ebd.
[177] Vgl. a.a.O. 45.
[178] Vgl. Thaut, Theologisches Seminar 23.
[179] Vgl. ebd., Zitate ebd.
[180] Vgl. ebd., Zitat ebd.

Aussage: „Wir stehen naturgemäß mit in dem Fluß und Sturm der Zeit."[181] Aus dem Bericht der Studentenarbeit geht hervor, dass sich studentische Kreise zunehmend mit sozialer Fragen beschäftigen und auch aus der bisherigen „Lethargie und Konsumentenhaltung" heraustreten und zunehmend für ein gesellschaftspolitisches Engagement eintreten.[182]

3.2.4 Aus dem Jahr 1970

Im Bericht vom Theologischen Seminar findet sich wieder der Hinweis auf die „Neugestaltung des Studienplanes einschließlich der Prüfungsordnungen [sowie] der Ordnungen für das Seminarleben" unter Mitwirkung einiger Studenten. Denn, so schreibt Thaut, „unsere Zeit mit all ihren tiefgreifenden Umwälzungen und weitreichenden Fragestellungen macht es erforderlich, daß vieles von Grund auf neu durchdacht wird".[183] Eine Theologische Kommission beschäftigt sich seit 1969 u.a. mit Grundfragen der Ethik, im Besonderen mit der sogenannten „Neuen Moral". Es wird erwähnt, dass an Fragen der Sexualethik gearbeitet wird, welche zu einem späteren Zeitpunkt veröffentlicht werden.[184] Der allgemeine Demokratisierungsprozess hält auch in das Gemeindejugendwerk Einzug. So wird davon berichtet, dass auch die baptistische Jugend „kritischer gegenüber jeglichen autoritären Verhaltensformen" wird. Ähnlich wie bei den Studenten wird auch hier das entwicklungspolitische Denken ein fester Bestandteil der Jugendarbeit.[185] Gleichermaßen engagiert sich die Studentenarbeit (StA) in projektbezogenen Aufgaben für gesellschaftlich Exkludierte bzw. setzt sich für kapitalismuskritische Aufklärungsarbeit ein.[186]

3.2.5 Aus dem Jahr 1971

Die Theologische Kommission beschäftigt sich weiter mit ethischen Themen, im Besonderen aus der Sexualethik. So werden etwa thematische Vorbereitungen getroffen, um auf der

---

[181] A.a.O. 24.
[182] Deutlich ersichtlich auch an der in Hamburg 1968 veranstalteten Pfingstkonferenz mit dem Thema: „Gemeinde von heute in der Gesellschaft von morgen". Vgl. Saborowski und Seuffert, Studentenarbeit 32, Zitat ebd.
[183] Vgl. Thaut, Theologisches Seminar 19.
[184] Vgl. Thaut, Theologische Kommission 21.
[185] So hat es etwa einige kreative Aktionen und Geldsammlungen gegeben, um Landmaschinen für Madagaskar, Indien und Brasilien zu beschaffen und somit für ein wenig mehr soziale Gerechtigkeit zu sorgen. Vgl. Walter, Gemeindejugendwerk 23f. Auch im Kontext des Jugendseminars wurden gesellschaftspolitisch relevante Themen erörtert. So finden sich in den Materialmappen „von b bis y" Ausarbeitungen zu folgenden Themen: Frieden, Gerechtigkeit in dieser Welt, Zukunft, Sexualpädagogik und Entwicklungspolitik. Vgl. Dörr, Jugendseminar 28.
[186] Einige Beispiele seien hier genannt: Erziehungsarbeit an Schülern aus sozialschwachem Milieu, Ausländerbetreuung, Resozialisierung von Gefangenen, Wohnheimprojekte, Aktion Kritischer Konsum. Vgl. Seuffert, Studentenarbeit 34.

Bundeskonferenz 1972 Nachfolge Jesu und Sexualethik ins Gespräch zu bringen.[187] Auch im Kontext des Gemeindejugendwerks bleibt entwicklungspolitisches Engagement ein Kern der inhaltlichen Arbeit.[188]

Ebenso wird die Drogenproblematik angesprochen. Es wird erwähnt, dass im Zusammenhang der offenen Arbeit (Teestubenarbeit, Clubarbeit und Jugendzelteinsätze) immer wieder Probleme mit Drogen auftauchen, welche Gegenstand der Diskussion wurden.[189] Interessant ist, dass auf einer Studientagung von Jugendpredigern und Mitarbeitern des Jugendseminars und des Gemeindejugendwerks eine starke Parteinahme für die gegenwärtigen Probleme der jungen Generation in der Gesellschaft geübt wird und auch ein großes Verständnis für die antiautoritären Strömungen innerhalb der Gesellschaft vorhanden ist.[190] Im Blick auf die Studentenarbeit sei gesagt, dass sich eine Menge interner Probleme ergaben, die zum einen mit der inhaltlichen Ausrichtung der Arbeit (bzw. der publizistischen Arbeit der Semesterzeitschrift) verbunden waren, und zum anderen sich eine in Spannung getretene Kommunikation über Sinn und Zweck der inhaltlichen Arbeit der Studenten zwischen Gemeinden und leitenden Brüdern des Bundes entwickelte.[191]

3.2.6 Aus dem Jahr 1972

Neben Berichten über soziales Engagement des Gemeindejugendwerks findet die 1971 veranstaltete erste Drogentagung Erwähnung, deren Ergebnisse in dem Buch „Der chemische Traum" verarbeitet wurden. Inzwischen gab es drei Drogenzentren (Berlin, Braunschweig, Hamburg), in denen Mitarbeiter aus Baptistengemeinden tätig waren. Mitarbeiter aus den Bereichen Kinder- und Jugendarbeit hatten „eine zweite Studienwoche zum Thema: Sexualethik - Sexualpädagogik durchgeführt".[192] Auch die im Kontext des Jugendseminars herausgegebenen „Materialmappen b-y" zeugen von einer Auseinandersetzung mit den Geschehnissen der Zeit.[193]

---

[187] Vgl. Thaut, Theologische Kommission 38.

[188] Dazu gehören vor allem zwei Projekte: 1. Eine Jugendarbeit in Kamerun aufzubauen, 2. Aufbau einer Musterfarm und eines Mädcheninternates in Mondai/Brasilien. Vgl. Walter, Gemeindejugendwerk 39f.

[189] Vgl. Walter, Gemeindejugendwerk 40.

[190] Vgl. ebd.

[191] Vgl. Seuffert, Studentenarbeit 50. Die unruhige und heftige Entwicklung innerhalb der Studentenarbeit, wie sie sich in den Darstellungen der Berichte der Bundesleitung 1971 zeigte, wird aus inhaltlichen und systematischen Gesichtspunkten an einem anderen Ort behandelt. Siehe dazu 4.1 Die Studentenarbeit des Bundes.

[192] Vgl. Walter, Gemeindejugendwerk 47, Zitat ebd.

[193] Nr. 39 politisch handeln I; Nr. 40 politisch handeln II; Nr. 41 Mitarbeit und Nr. 42 Autorität - jung und alt. Vgl. Dörr, Jugendseminar 49.

3.2.7 Ergebnis

Was auffällt ist, dass zwar immer wieder mal von Problemen und Diskussionen („explosive Atmosphäre") berichtet wird, aber keine lückenlose Dokumentation der Geschehnisse vorhanden ist. So ist es dem Beobachter, der kein Zeuge der zeitgeschichtlichen Ereignisse war, schlichtweg nicht möglich heraus zu finden, worum es genau ging. Auch finden sich keine offiziellen Stellungnahmen zu den Unruhen und politischen Umwälzungen in der Gesellschaft. Und dennoch lassen sich viele Berührungspunkte zwischen dem Baptismus und der 68er Bewegung erkennen. Wenn auch offensichtlich nicht an der Basis, so wurden doch im Kontext der baptistischen Jugend- und Studentenarbeit viele der neuen Ideen rezipiert bzw. diskutiert. Neben der Forderung nach gesellschaftspolitischem Engagement treten Jugendliche und Studenten selbst in Aktion und engagieren sich, trotz manch kritischer Blicke und polemischer Äußerungen der eigenen Ortsgemeinde.

3.3 Betrachtung und Ergebnis aus der Zeitschrift „Wort und Tat"[194]

3.3.1 Jahrgang 1967

Unter der Rubrik „Bausteine - Kleine Beiträge" finden sich lediglich zwei kurze Beiträge. So enthält Heft 5 eine Übersicht zu der neuesten Literatur aus den Bereichen Ehe, Sexualität und Geschlechtserziehung.[195] Heft 7 enthält eine kurze Reflexion über das „Christsein in der säkularen Gesellschaft". Allerdings ohne auf die politischen Ereignisse einzugehen, bzw. eine Verknüpfung zu gesellschaftspolitischem Engagement herzustellen.[196]

3.3.2 Jahrgang 1968

Unter der Rubrik „Abhandlungen" finden sich zwei zu erwähnende Texte. Heft 6 enthält einen kurzen Text über „Toleranz", in dem über die Verantwortung, Toleranz zu üben, sinniert wird. Auffallend ist, dass Toleranz hier als etwas sehr Positives verstanden wird. „Wo sie geübt wird, beginnen sich mitmenschliche Spannungen und Verkrampfungen zu lösen."[197] Inwieweit sie aber auf die Proteste der Jugend und das Generationsproblem in den Gemeinden angewandt werden soll, wird hier nicht genannt. Heft 9 enthält einen Beitrag über „das Generationsproblem in unseren Gemeinden" und thematisiert die Problematik recht allgemein. Während der Autor auf die christliche Haustafel (Eph 5 und 6) Bezug nimmt und for-

---

[194] Die Zeitschrift „Wort und Tat" gilt als Vorgänger der Zeitschrift „Theologisches Gespräch" und wurde von der Vereinigung Evangelischer Freikirchen in Deutschland herausgegeben.

[195] Vgl. Steckel, Ehe, Sexualität, Geschlechtserziehung 160ff.

[196] Vgl. Trappe, Vom Christsein in der säkularen Gesellschaft 236f.

[197] Huber, Toleranz 190.

dert, dass sich Kinder den Eltern unterordnen sollen, bleibt die Quintessenz seiner Aussage, das Generationsproblem nicht so wichtig zu nehmen.[198] Unter der Rubrik „Bausteine - Kleine Beiträge" findet sich ein kleiner Absatz mit dem Titel „Unruhe", der in ein paar Zeilen die Unruhe in der Gesellschaft wahrnimmt und immerhin die Beobachtung macht: „Man kann ihr nicht ausweichen durch Wegsehen".[199]

3.3.3 Jahrgang 1969

In den Heften des Jahrgangs 1969 finden sich keine relevanten Beiträge oder Texte, die sich anhand der festgelegten Kriterien erörtern ließen. Lediglich im Heft 9 unter der Rubrik „Bausteine - Kleine Beiträge" findet sich unter der Überschrift „Sexualität, Liebe und Ehe" eine Sammelbesprechung neu herausgegebener Literatur.[200]

3.3.4 Jahrgang 1970

Bei der Durchsicht aller zwölf Hefte des Jahrgangs 1970 ergab die Suche nur einen Treffer. So lässt sich in Heft 9 ein Text mit der Überschrift „Die Sexwelle" aufspüren. Der Text selbst möchte sich als „kurze Stellungnahme" verstehen und wägt negative wie auch positive Merkmale (etwa die Kritik an der bis dato festgehaltenen und übertriebenen Leibfeindlichkeit) der neuen Sexualethik ab.[201] Anderweitige Reflexionen über die Studentenbewegung bzw. die politischen Unruhen haben sich literarisch nicht niedergeschlagen.

3.3.5 Jahrgang 1971

In Heft 2 befindet sich unter der Rubrik „Abhandlungen" eine etwas längere Ausführung zu dem Thema: „Ist christliche Erziehung autoritär?". Prof. Dr. Rudolf Seiß beschreibt in seiner Darstellung zunächst die Irrtümer der antiautoritären Erziehung und nimmt auch Bezug auf die sich wandelnde Sexualethik, welche als (vermeintliche) Vorbotin der Freiheit von der Ganzheitlichkeit des Menschen separiert nur missbraucht und politisiert wird.[202] Er kommt zu dem Ergebnis: „Christliche Erziehung kann sich dem antiautoritären Konzept nicht anschließen, weil sie ein realistischeres Menschenbild hat."[203] Heft 6 enthält unter der Rubrik „Bau-

---

[198] Vgl. Nalezinski, Das Generationsproblem in unseren Gemeinden 291-295.
[199] Vgl. Krämer, Unruhe 129, Zitat ebd.
[200] Vgl. Fobbe, Sexualität, Liebe und Ehe 303-305.
[201] Vgl. Stricker, Die „Sexwelle" 305f.
[202] Vgl. Seiß, Ist christliche Erziehung autoritär? 40f.
[203] A.a.O. 43.

steine / Kleine Beiträge" eine kurze Buchbesprechung des Titels „Sexualität ohne Tabu" vor
Dr. Rudolf Thaut.[204] Weitere relevante Texte oder Beiträge sind nicht zu identifizieren.

3.3.6 Jahrgang 1972

Von einer etwas intensiveren Auseinandersetzung zeugt der Jahrgang 1972. Unter der Rubrik „Abhandlungen" findet sich im Heft 4 eine Auseinandersetzung mit der Thematik: „Das
Problem der Ethik in unserer Zeit". Der Autor des Textes macht deutlich, dass es sich bei der
Problematik um ein sehr vielschichtiges Thema handelt, das nicht so einfach mit
biblizistischen Antworten vom Tisch gekehrt werden kann, sondern der individuellen Betrachtung bedarf.[205] Aber auch die Abhandlungen „Freiheit, eine Utopie?" in Heft 10[206] sowie „Die
unruhige Generation" in Heft 2[207] zeugen von einer Reflexion der zeitgeschichtlichen Ereignisse in der deutschen Gesellschaft. Hier sind vor allem die Ausführungen von Samoray „Die
unruhige Generation" zu würdigen, die im Besonderen den philosophischen, soziologischen,
theologischen und psychologischen Ansatz der Revolte um '68 beleuchten.[208] In den Heften
4 und 10 finden sich unter der Rubrik „Bausteine / Kleine Beiträge" zwei Sammelbespre-
chungen neuester Literatur zu Themen der Sozialethik und Sexologie.[209]

3.3.7 Ergebnis

Die Betrachtung der Zeitschrift „Wort und Tat" in den Jahren 1967 bis 1972 bringt ein recht
ambivalentes Ergebnis. Zunächst einmal gilt es festzuhalten, dass bei je zwölf Heften in
sechs Jahren der hier dargelegte Fund relevanter Texte recht mager erscheint. Neben einigen kleineren Beiträgen finden sich immer wieder Buchrezensionen über ethische Themen,
die meistens die Sexualethik betreffen. Hier scheint es offenbar eine vermehrte Aufmerk-
samkeit gegeben zu haben bzw. einen größeren Informationsbedarf an Aufklärung und Stellungnahmen als über politische Themen. Aber auch größere Abhandlungen prägen, wenn

---

[204] Vgl. Thaut, Sexualität und Tabu 197.
[205] „Der Gegensatz zwischen dem Lehren und Handeln Jesu einerseits und dem jüdischen Verhal-
tensmuster des legalistischen, von Regeln beherrschten Moralismus andererseits ist offenkundig.
Tatsächlich gibt es keine Regel, ob wir nun in die Bibel oder auf die christliche Tradition oder auf eine
allgemein anerkannte christliche Überzeugung schauen, die zu der Mehrzahl der uns heute bedrän-
genden ethischen Probleme eine direkte Lösung anzubieten hätte oder überhaupt darauf anwendbar
wäre." Greeves, Das Problem der Ethik in unserer Zeit 119.
[206] Vgl. Stricker, Freiheit - eine Utopie? 327-331.
[207] Vgl. Samoray, Die unruhige Generation 45-50.
[208] Vgl. a.a.O. 45-48.
[209] Vgl. Literatur zur Sozialethik (Heft 4 / Buchrezensionen von verschiedenen Autoren) 126-129, Sexologie (Heft 10 / Buchrezensionen ohne Autorenangabe) 341-344.

auch selten, die Heft-Landschaft. Vor allem die Jahrgänge 1968 und 1972 zeugen von Aus-einandersetzungen mit dem Aufstand der Jugend und ihren Forderungen.

3.4 Betrachtung und Ergebnis aus der Semesterzeitschrift (SZ)[210]

3.4.1 Zeitschriften der Jahre 1967-1968 (Nr. 13, 14, 15)

Heft 13 enthält zwei relevante Texte. Darunter eine Umfrage von Ulrich Hühne hinsichtlich der Sexualethik, welche sich die Aufgabe stellt, die „ungelöste Spannung zwischen konventionellen Maßstäben und offen oder heimlich praktizierte[m] Verhalten" innerhalb der baptistischen Gemeinde-Landschaft zu erforschen.[211] Des Weiteren geht Harvey Cox in seinem Artikel „Sexuale Reifung und Stadtkultur" auf die inzwischen existierende „Doppelzüngigkeit und Verzweiflung" ein, die mit dem einhergehenden Wandel der Sexualethik eingetreten ist.[212] Heft 14 beinhaltet eine „Informationsschrift des Evangelisch-Freikirchlichen Studentenkreises Berlin zu den Vorfällen am 2. Juni vor der Deutschen Oper Berlin".[213] Darin bekunden die Berliner baptistischen Studenten ihre Anteilnahme und drücken ihr Mitgefühl für den Mord an Benno Ohnesorg aus. Und nicht nur das. Neben der Verurteilung der extremistischen Handlungen auf beiden Seiten (Polizei und Demonstranten) ergreifen sie Partei für ihre Kommilitonen.[214] Außerdem befindet sich in Heft 14 ein kleines Sammelsurium baptistischer Stimmen zum Vietnamkrieg, in denen vor allem Personen aus dem angelsächsischen Bereich zu Wort kommen.[215] Heft 15, das sich hauptsächlich mit Fragen zum Predigerleitbild beschäftigt, enthält auch eine geistige Auseinandersetzung über politisches Engagement. Während Traugott Schostak vor „Staatsverdrossenheit, Nihilismus und Anarchie" sowie vor dem stoischen Mitläufertum mancher Studenten warnt, spricht sich Joachim Meusel für eine Inklusion der an die Peripherie der Gesellschaft gedrängten Linken aus und begründet das vor allem damit, so (quasi präventiv) die Isolation und damit das zur Radikalität treibende Moment durch christliches Miteinander und Füreinander aufzuheben.[216]

---

[210] Die Semesterzeitschrift der baptistischen Studenten existierte von 1960 bis 1971.

[211] Vgl. Hühne, Zwischen Gesetzlichkeit und Libertinismus 1, Zitat ebd.

[212] Vgl. Cox, Sexuelle Reifung und Stadtkultur 8, Zitate ebd. „Wir [geben] unserer Jugend ein unverändertes System von Verhaltenstabus weiter, das in einer sexualsaturierten Gesellschaft in teuflischer Weise dazu geschaffen scheint, ein enormes Maß an Doppelzüngigkeit und Verzweiflung zu erzeugen." Ebd.

[213] Informationsschrift des Evangelisch-Freikirchlichen Studentenkreises Berlin 22.

[214] Vor allem die Kritik der Bürger und des Berliner Senats sowie die Kritik der CDU-Fraktion, der Berliner Polizei und auch der gesamtgesellschaftlichen Öffentlichkeit an den Studenten betrachten die baptistischen Studenten differenzierter. So üben sie etwa an der einseitigen Berichterstattung der Presse und der falschen Glorifizierung des Schahs starke Kritik und sympathisieren mit ihren Kommilitonen. Vgl. a.a.O. 22f.

[215] Baptistische Stimmen zu Vietnam 25.

[216] Vgl. Schostak und Meusel, Politik in der Gemeinde 30f. Zitat a.a.O. 31.

3.4.2 Zeitschriften der Jahre 1968-1969 (Nr. 16, 17, 18)

Das Hauptaugenmerk der Nr. 16 und damit auch der Schwerpunkt der Artikel liegt auf der Rolle der Frau bzw. auf dem derzeit existierenden Frauenleitbild innerhalb der Gemeinden. Jedoch haben diese Beiträge weniger etwas mit politischer oder Gender-Emanzipation zu tun. Vielmehr handelt es sich um Reflexionen in Bezug auf Rolle und Funktion der Frau im Gemeindekontext.[217] Dennoch sind hier zwei Artikel zu berücksichtigen. Franz Kecker beschreibt die Unruhe unter den Studenten ausgehend von den Ereignissen des 2. Juni und beleuchtet und diskutiert einige Gründe und Ursachen.[218] Eberhard Götze geht in seinem Beitrag der Frage nach, inwieweit freie Meinungsäußerung auch in der christlichen Gemeinde ihren Sinn und ihr Recht hat.[219] Die angestaubte gesellschaftspolitische Situation der BRD, die auf Seiten der deutschen Studenten 1968 zu Eruptionen größten Ausmaßes führte, zeigt ihren Niederschlag nun auch besonders in der SZ ab Heft Nr. 17. Ein Zeugnis dafür sind vor allem die nun zahlreicher Texte zu verstärkt gesellschaftspolitischen Themen, wie zum Beispiel „Theologie der Revolution" von Peter Rohman oder „In Sachen Entwicklungshilfe" von Jochen Meusel.[220] Die Artikel „Hamburg/Münster/Göttingen - ein Aufbruch?" von Petra Osinski[221], „Studentenkonferenz 1968" von E.G.[222] sowie die abgedruckte „Münsteraner Resolution"[223] zeugen von einem Aufbruch auch in der baptistischen Studentenarbeit, die sich aufgrund der politischen Ereignisse nicht mehr auf alleiniges „gemeindezentrisches Denken charakterisieren" lassen möchte.[224] Auch die Beiträge „Polizei - Prügelknabe der

---

[217] Für den Verfasser sind die Grenzen zwischen den Entwicklungen in Bezug auf die Rolle der Frau bei den Baptisten sowie die parallel verlaufenden Entwicklungen innerhalb der Gesamtgesellschaft nicht leicht zu erkennen. Aus diesem Grund konzentriert er sich nur auf solche Publikationen, die eine klar ersichtliche und eindeutige Verbindung zu den gesellschaftlichen Entwicklungen zulassen.

[218] Vgl. Kecker, Unruhe unter den Studenten 23f. Kecker stimmt den Ausführungen von Habermas zu, der in der Verbrüderung und Identifizierung mit der weltweiten Revolution (Vietkong, Guerillakämpfer, Kulturrevolutionären) eine gefährliche und für die Situation in Deutschland nicht zuträgliche Emotionalisierung wahrnimmt, und sieht die Studenten sich dadurch selbst in die Isolation treiben. Vgl. a.a.O. 24.

[219] Vgl. Götze, Sinn und Recht freier Meinungsäußerung in der christlichen Gemeinde 25. Während er den Prozess der Meinungsbildung innerhalb der christlichen Gemeinde stark vom säkularen Bereich differenziert, geht er zugleich auf die Notwendigkeit der Prüfung ein, falsche und missverstandene Autorität von Prediger, Predigt und Gemeindeleitung zu entlarven. Vgl. a.a.O. 25-27.

[220] Vgl. Rohman, Theologie der Revolution 16-18 und Meusel, In Sachen Entwicklungshilfe 18-20.

[221] Vgl. Osinski, Hamburg/Münster/Göttingen - ein Aufbruch? 21-23.

[222] Vgl. E.G. Studentenkonferenz 1968. 23-24.

[223] Vgl. Münsteraner Resolution 24-25.

[224] Vgl. Osinski, Hamburg/Münster/Göttingen - ein Aufbruch? 21, Zitat ebd. Viele Studenten zeigten sich erschüttert darüber, „daß in unmittelbarer Nähe einer [Baptisten-] Gemeinde der Student Ohnesorg erschossen wurde, ohne daß sich die dort im folgenden Sonntagnachmittaggottesdienst Versammelten als 'betroffen' genug empfanden, um das Geschehnis als Teil einer Predigt anzunehmen". Zitat ebd.

Demokratie?"[225] von Klaus Harms, „Pressekonzentration"[226] von Manfred Stinnes sowie die Rezension zu dem Buch „Rebellion der Studenten oder die neue Opposition"[227] (Dutschke u.a) von Hagen Seuffert und die Buchbesprechungen, darunter „Der eindimensionale Mensch" (Marcuse) von Friedrich Tromsdorf, zeugen von einer aktiven intellektuellen Auseinandersetzung und Diskussion über die Themen von '68. Heft 18 beinhaltet neben gesellschaftspolitischen Reflexionen, etwa über die gesellschaftliche Funktion christlicher Verkündigung oder Auseinandersetzungen mit dem Marxismus[228], auch sexualethische Reflexionen.[229]

3.4.3 Zeitschriften des Jahres 1970 (Nr. 19, 20, 21)

Partizipation und Mitbestimmung galten als zentrale Forderung der 68er Bewegung und halten nun auch Einzug in die SZ. Während die Beiträge „Mitbestimmung im Arbeitsprozeß"[230] und „Mitbestimmung an den Universitäten"[231] noch relativ allgemeine Forderungen darstellen, werden die Herausgeber der SZ mit dem Artikel „Mitbestimmung in der Gemeinde"[232] schon wesentlicher konkreter. „Wer bei Entscheidungen, die ihn angehen, nicht mitbestimmen kann, ist Objekt der Entscheidungen anderer."[233] Aus diesem Grund fordern die Verfasser des Artikels „die Übertragung des demokratischen Prinzips auf die Gemeinde" und machen im Verlauf ihres Beitrags konkrete Vorschläge zu einer „Neuordnung der Selbstverwaltung" innerhalb der Ortsgemeinde.[234] Außerdem findet sich in Heft Nr. 19 noch eine kurze Reflexion über das politische Nachtgebet in Köln.[235] Aufgrund der enormen Schwerpunktverlagerung hin zu politischen Themen und Auseinandersetzungen mit der 68er Bewegung werden nun die relevanten Themen und Beiträge der Nr. 20 lediglich kurz genannt.[236] Folgende Beiträge finden sich in Heft Nr. 20: „Vietnam und die sozialistische Bewegung in der BRD"; „Sozialistische Politik in der SPD, DGB und Hochschule"; „Zur Strategie der ev.-freik.

---

[225] Vgl. Harms, Polizei-Prügelknabe der Demokratie? 26-28.
[226] Vgl. Stinnes, Pressekonzentration 29-31.
[227] Vgl. Seuffert, Rebellion der Studenten 31.
[228] Vgl. Weßler, Zur Funktion der Kirche in der technokratischen Gesellschaft 10-13 und Kaltenborn, Fragen des Marxismus ans Christentum 29-31.
[229] Vgl. Knabe, Die Jungen und die Liebe 26-28 und Müller, Sexualität und Herrschaft 29.
[230] Vgl. Schneider, Mitbestimmung im Arbeitsprozeß 2-4.
[231] Vgl. E.H. und E.B., Mitbestimmung an den Universitäten 8-9.
[232] Vgl. Dahm, Mitbestimmung in der Gemeinde 4-7.
[233] A.a.O. 4.
[234] Vgl. a.a.O. 6f. Zitate auf Seite 4 und 6.
[235] Vgl. Hamer, Politisches Nachtgebet in Köln 21.
[236] Die Beiträge des Heftes Nr. 20 einzeln zu beleuchten, würde den Rahmen sprengen, so dass der Verfasser hier nur auf das ausführliche Literaturverzeichnis verweist.

Studentenarbeit in der BRD"; „Kritischer Konsum"; „Revoluzzer in der Kirche"[237]; außerdem: „Repressionsfreie Erziehung"; „Antiautoritäre Erziehung"; „Ehe Sex Kommune"; „Theologischer Linksdrall?"[238]. Das Heft Nr. 21 enthält neben einer Reihe kritischer Reflexionen über Aufgabe und Funktion von Kirche und Theologie in der Gesellschaft[239] kritische Stimmen über angebliches deutsches entwicklungspolitisches Engagement[240] sowie einen Beitrag zum Thema Partizipation und Mitbestimmung[241]. Außerdem greifen eine beachtliche Anzahl von Artikeln sexualethische wie auch pädagogische Themen auf[242] und nehmen somit die aktuellen gesellschaftlichen Diskussionsverläufe im vollen Umfang auf.

3.4.4 Zeitschriften des Jahres 1971 (Nr. 22, 23, 24, 25)

In der SZ Nr. 22 findet eine besondere Auseinandersetzung auf intellektueller Ebene statt. So thematisieren und diskutieren etwa Gerhard Knohl und Jochen Meusel in ihren Beiträgen über die „Kritische Theorie" und die „Frankfurter Schule" das theoretische Material, auf dem quasi die ganze deutsche studentische Oppositionsbewegung steht.[243] Auch die Beiträge von Eberhard Haas und Eckart Großmann zeigen ein Bewusstsein für die Probleme der Gesellschaft.[244] Schließlich seien die kurzen Ausführungen von Wolfgang Link „Erziehung zur Unmündigkeit" und Werner Rinn „Bewußt politische Erziehung" genannt, die den Abschluss der Nr. 22 bilden.[245] Heft Nr. 23 enthält nur zwei Beiträge über gesellschaftspolitische Fragen und Konzepte. Uwe Buckendahl etwa referiert in seinem Aufsatz „Klassengesellschaft und Klassenanalyse" über Marx und seine „Kritik der politischen Ökonomie".[246] Und unter dem Pseudonym Udo erscheint ein kurzer Abriss darüber, was Sozialismus alles nicht ist.[247] Die SZ Nr. 24 enthält mit den Beiträgen von Jochen Meusel „Wieder zwei Fälle: Marquardt und

---

[237] Vgl. SDS Heidelberg, Vietnam und die sozialistische Bewegung in der BRD 5-6; Kollektiv im SHB Göttingen, Sozialistische Politik in SPD, DGB und Hochschule 7-8; Dahm, Zur Strategie der ev.-freik. Studentenarbeit in der BRD 8-10; Wilde, Kritischer Konsum 13-14; Boyens, Revoluzzer in der Kirche? 15-17.

[238] Vgl. Hülsewede, Repressionsfreie Erziehung 19-21; Agitprop-Gruppe, Antiautoritäre Erziehung 21-22; Meusel, Ehe Sex Kommune 23-24; Timmerbeil, Theologischer Linksdrall? 30-31.

[239] Vgl. Meusel, Die Funktion von Kirche und Theologie 3-4.

[240] Vgl. Helmke, Hilfe oder Geschäft 27-29.

[241] Vgl. Stöbe, Mitbestimmung eine Forderung unserer Zeit? 33-34.

[242] Vgl. Kürten, Diskussionsbeitrag zur antiautoritären Erziehung 6-8; Adam, Aspekte der Sexualerziehung heute 14-17; Bilz, Onanie 17-20; Tammeus, Antisexuelle Propaganda 21; Meusel, Für einen bruchlosen Übergang 22-23.

[243] Vgl. Knohl, Systemzwang und Gesellschaftskritik 4-7 und Meusel, Die Übermacht der „Kritischen Theorie" 8-10.

[244] Vgl. Haas, Klassenloses Krankenhaus 10-12 und Großmann, Zum Problem DROGENGEFAHR 13-15.

[245] Vgl. Link, Erziehung zur Unmündigkeit und Rinn 24, Bewußt politische Erziehung 24f.

[246] Vgl. Buckendahl, Klassengesellschaft und Klassenanalyse 2-5.

[247] Vgl. Udo, Was ist Sozialismus? 23f.

Schrottroff"[248] und Eckart Großmann „Pornografie & Co"[249] zwei besonders kritische Verlautbarungen gegenüber dem politischen und medialen Establishment, in denen auch durch das übernommene revolutionäre Vokabular („Macht kaputt, was euch kaputt macht") starke Sympathien seitens der baptistischen Studenten zu erkennen sind. Ebenso zeugen die Artikel „Kollektives Wohnen"[250] und „Aktivierung des bürgerlichen Individuums"[251] von einer starken Auseinandersetzung mit den Themen und Forderungen der 68er Bewegung. Ausgehend von Gollwitzers Buch „Krummes Holz - aufrechter Gang" befindet sich unter dem gleichnamigen Titel eine kurze Diskussion zum Thema Christentum und Sozialismus.[252] Die SZ Nr. 25 und die damit gleichzeitig letzte veröffentlichte Ausgabe der Semesterzeitschrift beinhaltet ein paar letzte relevante Reflexionen im Blick auf die 68er Bewegung, darunter die Beiträge von Jochen Meusel „Linke kirchliche Presse", von Hartmut Rehr „Wohngemeinschaft und politische Arbeit" sowie von Ursula Schmiederer „Abtreibung legalisieren und unter medizinische Kontrolle bringen".[253]

3.4.5 Ergebnis

Verglichen mit den zuvor bearbeiteten baptistischen Publikationen erscheint dem Verfasser die Wahrnehmung der Semesterzeitschrift für gesellschaftspolitische Ereignisse bzw. die 68er Bewegung im baptistischen Kontext als einzigartig. Beinahe alle Kennzeichen, Themen und Forderungen, die sich anhand der Kriterien-Tabelle für die 68er Bewegung ergeben, werden in irgendeiner Art von den Artikeln und Beiträgen der Semesterzeitschrift thematisiert oder wenigstens angeschnitten. Neben den verhandelten Themen Marxismus, Sozialismus, Vietnam, Entwicklungspolitik, Gesellschaftskritik, Politische Aufklärung, Sexualethik, Pädagogik, Auseinandersetzungen mit den Theoriegebäuden der Neuen Linken (z.B. „Kritische Theorie"), Partizipation und Mitbestimmung, waren es vor allem die Bezugnahmen auf die aktuellen Geschehnisse. So etwa die Ereignisse des 2. Juni, die offene Anteilnahme und Bestürzung ausgelöst haben und die zugleich die (baptistischen) Studenten ihrerseits zum Nachdenken (über die eigene Identität und Tradition) und auch zum Handeln veranlasst haben. Besonders ab der SZ Nr. 17 ist eine verstärkte Sensorik für gesellschaftliche und politische Themen beobachtbar. Spätestens jetzt beweisen Autoren und Herausgeber ihre intellektuelle Eigenständigkeit im Denken und Urteilen. Die offensichtliche Anteilnahme an den Prozessen, wie sie von der Studentenbewegung in Gang gesetzt wurde, führte allerdings

---

[248] Vgl. Meusel, Wieder zwei Fälle 2f.
[249] Vgl. Großmann, Pornografie & Co 3f.
[250] Vgl. Suter, Kollektives Wohnen 4f.
[251] Vgl. Buckendahl, Aktivierung des bürgerlichen Individuums 5-7.
[252] Vgl. Timmerbeil, Krummes Holz - aufrechter Gang 18f.
[253] Vgl. Meusel, Linke kirchliche Presse 2; Rehr, Wohngemeinschaft und politische Arbeit 7-10; Schmiederer, Abtreibung legalisieren 12-13.

auch zu Auseinandersetzungen mit dem eigenen baptistischen Kontext. Die zunehmenden Forderungen an die Adressen der eigenen Gemeinden in punkto Mitbestimmung, Demokratisierung, Liberalisierung sowie die Forderung nach aktivem gesellschaftspolitischen Engagement stießen immer mehr auf Gegenwehr in den eigenen Reihen.[254] Letztendlich verbergen sich hinter den gegenüberstehenden Meinungen und Ansichten auch unterschiedliche theologische Konzepte und Traditionen, auf die im einzelnen hier nicht eingegangen werden kann.[255]

3.5 Betrachtung und Ergebnis aus den baptistischen Festschriften[256]

3.5.1 Festschrift (FS) der Evangelisch-Freikirchlichen Gemeinde (EFG) Berlin-Charlottenburg

Besondere Beachtung finden die Ereignisse des 2. Juni, da sich die Ermordung des Studenten Benno Ohnesorg in unmittelbarer Nähe zur Gemeinde Berlin-Charlottenburg ereignete. Die darauf stattfindenden Protestzüge ziehen auch Studenten aus der Gemeinde Charlottenburg an, welche ihrerseits versuchen, die Geschehnisse in der Gemeinde zu diskutieren.[257]

3.5.2 FS der EFG Berlin-Steglitz

Die Auseinandersetzungen mit der 68er Bewegung nehmen hier, verglichen mit anderen Festschriften, einen besonderen Raum ein. So wird nicht verschwiegen, dass der gesell-

---

[254] Eine etwas detailliertere Darstellung der Auseinandersetzung zwischen der Bundesleitung und der Studentenarbeit wird an einem anderen Ort erfolgen. Siehe dazu: 4.1 Die Studentenarbeit des Bundes.

[255] Auf Seiten der Studenten war es vor allem die „Theologie der Revolution", die unter anderem aus Ländern wie Indien, Lateinamerika und Afrika kam und auch Impulsgeber für westliche Theologen war (Martin Luther King, Gollwitzer u.a.) und viele Denker dieser Zeit faszinierte. Vgl. Rohman, Theologie der Revolution 16f. Auch Moltmann und die „Theologie der Hoffnung" ist in diesem Kontext zu berücksichtigen. Vgl. Leonhardt, Dogmatik 107.

[256] Nach einer ersten (groben und überblickartigen) Betrachtung aller im Archiv existierenden Festschriften wurden 17 Festschriften vom Verfasser genauer betrachtet. 12 Festschriften erhalten letztlich Eingang in die vorliegende Arbeit. Auffallend war, dass längst nicht alle Festschriften von großen Universitätsstädten Informationen über Auseinandersetzungen um die 68er enthielten. Bsp.: In der umfangreichen Darstellung der Festschrift München finden sich keine Erwähnungen zu den Unruhen und gesellschaftlichen Veränderungen um '68.

[257] So wurde etwa ein Schreiben des Studentenkreises der West-Berliner Vereinigung (Evangelisch-Freikirchlicher Gemeinden) in Reaktion auf den Tod Ohnesorgs verfasst mit der Absicht, den Vorfall auch aus christlicher Perspektive zu diskutieren. Jedoch verbot die Gemeinde, Handzettel und Einladungen zu Diskussionsforen zu verteilen. In den Jahren 1964-1966 wird immer wieder Kritik an der Jugend geäußert. Vgl. 100 Jahre illustrierte Geschichte der Evangelisch-Freikirchlichen Gemeinde in Berlin-Charlottenburg (1898-1998) 60f.

schaftliche Konflikt zwischen Ordnung und Gerechtigkeit auch in der Gemeinde Steglitz Ein-zug hielt. Vor allem die Forderungen von Studenten innerhalb der Gemeinde nach Mitbe-stimmung bei allen Entscheidungen bzw. die grundlegende Forderung nach Demokratisie-rung hatten gehörige Auswirkungen auf die Gemeinde.[258] Eine ausführliche Betrachtung der Ereignisse und der angespannten Beziehungen zwischen Studenten und Gemeinde findet sich in der persönlichen Rückschau von Diethard Dahm, auf die später noch eingegangen wird.[259]

3.5.3 FS der EFG Bremen (Kreuzgemeinde)

In der Gemeinde in Bremen kam es während der 68er Bewegung immer wieder zu Begeg-nungen und Auseinandersetzungen zwischen Christen und linken Studenten. So besuchten Vertreter der APO und Studenten oft die Jugendversammlungen, in denen politische The-men, aber auch der Anspruch des Evangeliums im Kontext der globalen Ereignisse kontro-vers diskutiert wurden.[260]

3.5.4 FS der EFG Duisburg-Mitte

Auch hier werden (wenn auch sehr allgemein) die gesellschaftlichen Spannungen von 1968 erwähnt, welche Auswirkungen auf die Gemeinde hatten. Um die Jahre 1967/68 konstituierte sich ein neuer Kreis von Leuten, die der unmittelbaren Jugendarbeit entwachsen waren und sich zu monatlichen Gesprächskreisen trafen, in denen vor allem auch Politisches und So-ziales diskutiert wurde.[261]

3.5.5 FS der EFG Frankfurt a.M. (Ostend)

Unter der Überschrift „Der Raum wird weiter" (1960-1969) finden sich einige Hinweise für ei-ne Berührung zwischen der Gemeinde und der 68er Bewegung. So werden die Unruhen an den Universitäten Berlin und Frankfurt erwähnt. Als besonders markant sticht hervor, dass die Gemeinde angesichts der Ermordung von Martin Luther King gebeten wird, an einem Trauermarsch teilzunehmen und eine öffentliche Rede zu halten. Nach reiflichen Überlegun-gen entscheidet sich die Gemeinde schließlich, der Bitte nachzukommen. So hält Prediger Siegfried Kolbe am 9. April vor der Pauluskirche eine Traueransprache, die sehr wohl auch

---

[258] Vgl. Waffenschmidt, Wegbeschreibung der Gemeinde Steglitz 17-21.
[259] Die kritische Phase zwischen baptistischen Studenten und ihren jeweiligen Gemeinden (1967-1972) sind Gegenstand der Betrachtungen von Diethard Dahm. Vgl. Dahm, Persönliche Erfahrungen 51ff.
[260] Vgl. FS 150 Jahre Evangelisch-Freikirchliche Gemeinde - Baptisten - in Bremen und umzu, 132f.
[261] Vgl. Licht bricht durch. FS zum hundertjährigen Bestehen der EFG Duisburg-Mitte 43 u. 110.

Politisches enthält.[262] In derselben Woche erscheinen anlässlich des Mordanschlags auf Rudi Dutschke Demonstranten mit schwarzen Fahnen im Karfreitags-Gottesdienst und verschaffen sich mit Zwischenrufen Gehör. Nachdem Prediger Kolbe zuerst schockiert ist, zeigt er dann doch Verständnis und unterstreicht die Tatsache, dass die christliche Gemeinde auch auf die Straße muss. „Was die Studenten für sich beanspruchen, müssen wir auch im Auftrag Gottes tun...“[263]

Es folgte studentisches Engagement innerhalb der Gemeinde mit dem Ziel, „die Gemeinde zu politisieren und in ein neues aktives Verhältnis zur Welt zu bringen“[264].

3.5.6 FS der EFG Göttingen

Der Wertewandel innerhalb der westdeutschen Gesellschaft stellt auch die Gemeinde Göttingen vor neue Herausforderungen. In den Jahren 1967 bis 1969 kommt es immer wieder zu verstärkt kritischen Anfragen seitens der Studenten an die Gemeindepraxis. So gehört zu ihren Forderungen, neben Erbauung und Evangelisation auch auf aktuelle politische Ereignisse und Fragen einzugehen bzw. Antworten zu geben.[265] Es existierte ein Studentenhauskreis, in dem kontrovers diskutiert werden konnte. Allerdings führte dies zu Spannungen innerhalb der Gemeinde, da die radikale Infragestellung von den Gemeindemitgliedern mit großer Sorge und Angst wahrgenommen wurde.[266]

3.5.7 FS der EFG Hamburg (Onckengemeinde)

Die Umbrüche zum Ende der 60er Jahre sowie die Formierung der APO und ihr Einfluss auf die Gesellschaft finden hier Erwähnung. Auch der Einfluss auf die Gemeindearbeit wird nicht

---

[262] „Die Welt verwandelt sich in einen Raubtierkäfig, wenn wir nicht endlich den Rassenhass fallen lassen. Der Mord an meinem Bruder, Dr. Martin Luther King hat nicht nur einen Schock ausgelöst, sondern ist zugleich ein Ruf zur Entscheidung, jeglicher Gewalt in jedweder Form öffentlich und privat zu widersprechen ... Martin Luther King hat Jesus Christus vertraut, aber auch ein klares Nein zu dem Mord an den Bauern in Vietnam gesagt. Die Unterdrückung der Minderheiten ist moderne Menschenfresserei, der Kannibalismus im 20. Jahrhundert wird auch von den Betern als Mord angelastet, wenn sie dazu schweigen. Auch wir als Volk haben genug Dreck am Stecken. Heute vor 23 Jahren wurde Pfarrer Dietrich Bonhoeffer ermordet. Soll das denn auf dieser Welt so weitergehen. Wir sind dazu aufgerufen, in unserer Gesellschaft nicht auf Abstand zu schaffen, sondern mitzugestalten und mitzuformen.“ Siegfried Kolbe am 9. April 1968, abgedruckt in der FS Baptisten im Ostend. 150 Jahre illustrierte Geschichte der Evangelisch-Freikirchlichen Gemeinde in Frankfurt am Main (Am Tiergarten) 91.

[263] Vgl. FS Baptisten im Ostend. 150 Jahre illustrierte Geschichte der Evangelisch-Freikirchlichen Gemeinde in Frankfurt am Main (Am Tiergarten) 92, Zitat ebd.

[264] Ebd.

[265] „Studenten in Hamburg-Altona, Münster und Göttingen forderten ein mehr weltzugewandtes Verständnis des Evangeliums ('Münsteraner Resolution').“ Vgl. Suchet der Stadt Bestes 35, Zitat ebd.

[266] Vgl. Suchet der Stadt Bestes 36.

verschwiegen. „Traditionen wurden hinterfragt. Politik wurde zum Tagesgespräch. Direkte Einflüsse erschütterten unsere Jugend nicht. Aber indirekt prägte doch die Atmosphäre."[267] In den Gemeindestunden kam es zunehmend zu Auseinandersetzungen über Führungsstil und Informationswesen innerhalb der Gemeinde. Es wird auch davon berichtet, dass der neue Einfluss vor den Seminaristen nicht halt machte und das freiwillige Engagement in den umliegenden Gemeinden Hamburgs sehr zurückging.[268]

3.5.8 FS der EFG Hannover-Walderseestraße

In der Gemeindegeschichte unter der Überschrift „Strukturelle Weiterentwicklung (1964-1970)" findet sich die kurze Notiz, dass Eckhard Schaefer „in den politisch bewegten Jahren die Teestubenarbeit 'Katakombe', einrichtet, aus der dann 1972 die christliche Drogenarbeit „Neues Land" entsteht.[269] Unter der Überschrift „Reden von der Liebe Gottes (1970-1982)" wird erwähnt, dass die „Welle der Veränderung" der 60er Jahre die Gemeinde erreicht und nun auch hier Tendenzen der Liberalisierung und Demokratisierung wahrzunehmen sind.[270]

3.5.9 FS der EFG Herne

In der Gemeinde-Chronik befindet sich für das Jahr 1968 der kurze Hinweis: „Rudi Dutschke wird erschossen."[271]

3.5.10 FS der EFG Münster

Auch in der Gemeinde Münster gab es eine kritische Welle. Angestoßen durch die umwälzende Bewegung in Staat und Gesellschaft erfährt die bereits existierende Studentenarbeit in Münster eine „gesellschaftskritische Richtung". Es kommt zur Konstituierung einer Initiativgruppe, die eine Resolution („Münsteraner Resolution")[272] verabschiedet, in der Heil und Bekehrung nicht nur transzendent, sondern auch immanent verstanden werden. Sie richtet

---

[267] Dörr, Jugendarbeit von 1934-1984 107.
[268] Vgl. a.a.O. 108. Inwieweit das Gemeindeseminar 1969 mit dem Thema „Gemeinde für Andere" sowie die Einrichtung der Predigt-Nachbesprechung („Predigt-Spiegel") mit den bereits existierenden Umbrüchen in der Gesellschaft zusammenhängen und eine Antwort auf die entstehende Diskussionsfreude und Öffnung des allgemeinen Horizonts geben, kann hier nicht hinreichend geklärt werden. Vgl. Woock, Die Altentagesstätte 111. und Becker, Der „Predigtspiegel" 117.
[269] Vgl. Mit Wurzeln in die Zukunft 33, Zitat ebd.
[270] Vgl. a.a.O. 34, Zitat ebd.
[271] Mit Jesus unterwegs 25. Es ist zu beachten, dass die Information nicht richtig ist. Dutschke wurde angeschossen und nicht erschossen!
[272] Siehe Anhang.

den Fokus auf ein aktivierendes Zeugnis der Liebe Jesu in der Welt und ruft zu einem aktiven Engagement in der Welt für Frieden und Heil auf.[273]

3.5.11 FS der EFG Nordhorn

Die FS der Gemeinde Nordhorn enthält einen kurzen Abriss der politischen Ereignisse um 1968. Darin wird davon berichtet, dass mit etwas Verspätung das Gedankengut von '68 in die Jugend Einzug hält.[274] Es wurde viel hinterfragt und kritisiert. Vor allem Traditionen standen immer wieder auf dem Prüfstand, was immer wieder zu Konfrontationen mit der Gemeindeleitung führte. Außerdem wird erwähnt, dass zeitweiliger Drogenkonsum unter einigen Jugendlichen dazu gehörte.[275]

3.5.12 FS der EFG Oldenburg

Die Festschrift der Gemeinde Oldenburg spricht in Bezug auf die Ereignisse um 1968 von einer „Phase der Auseinandersetzung". „Die Unruhen griffen auf die allgemeine Jugendszene in Deutschland über und griffen hinein in unsere Gemeinden. Auflehnung gegen jede Art von Autorität, Identitätssuche und im Gefolge: Jugendreligionen, Drogen, Alkoholismus. An positiven Impulsen: Verstärkter Aufruf zur Entwicklungshilfe. Dabei aber Auseinandersetzung mit Missionsmethoden der Vergangenheit."[276] Auf die Oldenburger Jugend, die hauptsächlich aus Oberschülern und Studenten bestand, hatten die Studentenunruhen einen großen Einfluss. „Kaum eine Gemeindeversammlung ging glatt über die Bühne wegen der radikalen Nachfrage der Jugendlichen."[277] Immer wieder standen gesellschaftspolitische Aktionen im

---

[273] Vgl. FS 60 Jahre Evangelisch-Freikirchliche Gemeinde Münster 37f. Die Resolution der Initiativgruppe (ein Auszug): „1. Jesus Christus ist die Hoffnung der Welt. In ihm hat Gott der Welt Friede, Gerechtigkeit, Freiheit und Versöhnung verheißen. 2. Gottes Heil gipfelt nicht in einer auf Innerlichkeit gerichteten Bekehrung. Gott will den ganzen Menschen hineinnehmen in die Bewegung der Heilung einer sich wandelnden Welt. Der Christ, der nicht an dieser Bewegung teilhat, ist heillos. Ein traditionelles Heilsverständnis, das nicht auf die Öffentlichkeit ausgerichtet ist, kultiviert nur religiöse Gefühle. Der bekehrte Mensch ist und bleibt ein 'Weltmensch'. Die gängige Einteilung in gläubige und ungläubige Menschen ist hochmütig." A.a.O. 38.

[274] Besonders deutlich wird das an den Themen der Jugendstunden: „Den Krieg durch Frieden gewinnen!; Ein Abend zum Thema gewaltloser Widerstand; Christ zwischen Tradition und Zukunft; Christ-Gewalt/Kirche-Gewalt; Revolution? Ja! - Aber warum mit Jesus?; Den Frieden bewahren - Dienst mit der Waffe oder Ersatzdienst?". Vgl. Gussek, Jugend in Aufruhr 164, Zitat ebd.

[275] Vgl. Gussek, Jugend in Aufruhr 164f.

[276] Dorothea Nowak, Streiflichter aus der Geschichte des Jugendseminars, in: 100 Jahre Theol. Seminar, a.a.O. 242, zitiert nach Wolfgang Hofmann, Phase der kritischen Auseinandersetzung (1966-1975) 93, in: Sendung und Weg. FS 150 Jahre Ev.-Freikl. Gemeinde Oldenburg (1837-1987), hg. v. Evangelisch-Freikirchliche Gemeinde, Oldenburg 1987.

[277] Hofmann, Phase der kritischen Auseinandersetzung 93.

Vordergrund.[278] Jedoch bleiben die Arbeit und das Engagement der Jugend nicht ohne Opposition der Gemeinde.

3.5.13 Ergebnis

Durch die Betrachtungen der Festschriften verfestigen sich die Indizien, dass die Auseinandersetzung mit der 68er Bewegung hauptsächlich von der Jugend getragen wurde. So zeichnen die einzelnen Festschriften ein Bild, das eine sehr aktive und engagierte Jugendgeneration innerhalb der Gemeinden umreißt. Durch Flugblätter, Zeitschriften und sogar eine Theaterinszenierung versuchten Jugendgruppen die Themen der Studentenbewegung in die Gemeinden zu transportieren, um die für sie so elementar und existenziell wichtig gewordenen Dinge zu diskutieren. Jedoch zeigen die Festschriften auch, dass eine Vielzahl dieser Versuche zu erheblichen Konfrontationen mit den jeweiligen Gemeinden führte und die Auseinandersetzungen sich weniger um inhaltliche als um grundlegendere Fragen drehten, so etwa die Forderungen nach neuen Leitungs- und Führungsstilen, mehr Mitsprache, Hinterfragung von Traditionen. All das führte schließlich dazu, dass „der Protest der Jugend gegen das Gemeinde-Establishment und überhaupt gegen unsere 'etablierten' Gemeinden [...] sehr vehement"[279] geführt wurde.

4. Der Reflex der baptistischen Studenten auf die 68er Bewegung

Der Verfasser hält es für geboten, aufgrund der bisher geleisteten Beobachtungen und Ergebnisse, welche die Diskussion im deutschen Baptismus um die 68er Bewegung vor allem in den Bereich der Jugendgeneration (speziell des Bildungsbürgertums und Studentenmilieus) verorten, auf eine kurze überblickartige Gesamtschau der baptistischen Studentenarbeit

---

[278] Ein großes Thema der Jugendgruppe lautete: „Gerechtigkeit - nicht Almosen für die Dritte Welt." Dazu kam gesellschaftspolitische Aufklärung auf den Straßen und Fußgängerzonen sowie das kreative Spendensammeln (etwa durch den Verkauf von Reisbeuteln und das Sammeln von Altpapier) für Hilfsprojekte. Aber auch soziale Projekte wie die Gefängnisarbeit, in der Gruppen- und Einzelgespräche sowie Briefkontakte mit Gefangenen gepflegt worden sind, zeugen von einem weiten Horizont für die Probleme der Gegenwart. „Während die Jugendlichen der fünfziger Jahre ihren politischen Standpunkt noch nicht gemeinsam unter dem Aspekt des Glaubens durchdiskutierten, wurden soziale und politische Fragen von dieser Generation bewusst thematisiert. In dem Laienspiel 'Warum stirbt Charlie in Vietnam?', das die Gruppe nach dem Jugendtag in Oldenburg in vier weiteren Bundesgemeinden aufführte, dokumentierte sie ihre Einstellung zu einem aktuellen Zeitproblem." Vgl. Hofmann, Phase der kritischen Auseinandersetzung 93, Zitat a.a.O. 95.
[279] Hofmann, Phase der kritischen Auseinandersetzung 95.

nicht zu verzichten. Ähnlich wie in den protestantischen Landeskirchen[280] gab es (wie schon gesehen) auch im Baptismus unter den Studenten einen Reflex auf die 68er Bewegung.

4.1 Die Studentenarbeit des Bundes

Der Reflex der baptistischen Studenten auf die 68er Bewegung war zunächst ein Reflex auf die Situation der baptistischen Gemeinden selbst. „Ein erheblicher Teil führender Baptisten in den 60er und 70er Jahren faßte Demokratie so eng, daß der Begriff sich nur auf Staatsorganisation und Bildung der Regierung bezog. [...] Das Miteinander war typischerweise nicht demokratisch, sondern hierarchisch und repressiv."[281] Diese Ausgangssituation war es dann auch, die die Studenten sich mit der Studentenbewegung solidarisieren ließ, da sie in den Zielen und Ausrichtungen derselben eine enge Zusammengehörigkeit zu ihren Glaubensvorstellungen verspürten.[282] Denn für die jungen Christen „zielten die neutestamentlichen Gebote [...] auf ein gründliches Nachsinnen und auf praktische Veränderungen im alltäglichen Leben"[283]. Der Reflex der Studenten, wie er sich am Beispiel der Betrachtungen der Semesterzeitschrift (SZ) und der Festschriften zeigt und in der Verabschiedung der „Münsteraner Resolution" einen „vorläufigen Höhepunkt in der theoretischen Neuorientierung der baptistischen Studentenschaft"[284] erreicht, trifft auf erheblichen Widerstand in den Gemeinden und in der Bundesleitung, besonders seit dem Wechsel in der Redaktion der SZ, die ihre Arbeit „fast ausschließlich der Erörterung von sozialpolitischen Themen unter marxistisch-sozialistischem Aspekt"[285] widmete. Ausführliche Gespräche zwischen der SZ-Redaktion und der Bundesleitung über Ausrichtung und Zukunft der Studentenarbeit sowie der SZ führten zu keinem Ergebnis. Nachdem die Bundesleitung bereits 1970 die Herausgabe der studentischen Publikationen (u.a. SZ) unter dem Namen des Bundes verboten hatte[286] und sich im Verlauf der Jahre 1970/71 weitere theologische und politische Probleme manifestierten,

---

[280] „Waren die Geschwindigkeiten auch unterschiedlich, so reichte die Mobilisierung doch weit über die Grenzen des APO Milieus hinaus. Auch katholische und evangelische Hochschüler orientierten sich neu, kirchlich gebundene Lehrlinge und Schüler sehnten sich nach toleranten Pfarrern und probten Demokratie in ihren Gemeinden." Frei, Jugendrevolte 135. Zu den Aufbrüchen innerhalb des landeskirchlichen Protestantismus vergleiche folgende Literatur: Hochgrebe, Volker: Protest und Evangelium, Gütersloh 1970; Hofmann, Horst-Klaus und Irmela (Hg.): Anstiftungen. Chronik aus 20 Jahren OJC, Reichelsheim 1988; Huber, Wolfgang: Protestantismus und Protest, Reinbek bei Hamburg 1987.

[281] Dahm, Persönliche Erfahrungen 52.

[282] Die Studenten sahen im Zeugnis des Neuen Testamentes eine „emanzipatorische Stoßrichtung" auch auf sicherem biblischen Boden begründet (Zum Beispiel: Mt 23,8; Joh 15,15; Röm 8,15; Gal 4,7) Vgl. a.a.O. 54.

[283] A.a.O. 59.

[284] Waffenschmidt, Wegbeschreibung der Gemeinde Steglitz 18.

[285] Entwicklung der Studentenarbeit 26.

[286] Weitere Veröffentlichung der SZ in Eigenverantwortung (bis 1971).

gab die Studentenarbeit des Bundes 1971 ihre Arbeit auf. Daraufhin verließen viele Studenten und Akademiker die Baptistengemeinden.[287] Diethard Dahm, Mitherausgeber der SZ sowie Mitverfasser der „Münsteraner Resolution", schreibt resümierend über die Zeit um 1968:

> „Der Konflikt baptistischer Studenten mit ihren Gemeindeführungen ab 1967 läßt wie ein beispielhafter Großversuch erkennen, wie mit innergemeindlicher Opposition verfahren wurde. Hier muß ich rückschauend festhalten, daß sich frappierende Ähnlichkeiten des deutschen Baptismus mit der SED zeigten. Meinungsvielfalt oder gar Opposition zur Führung waren grundsätzlich verwerflich und auszurotten. Ein baptistischer Wolf Biermann hätte mit seiner baldigen Ausbürgerung rechnen müssen."[288]

4.2 Die Situation am Theologischen Seminar (Hamburg)

Die Situation am Theologischen Seminar in Hamburg bzw. der Reflex der Seminaristen auf die 68er Bewegung kann mangels Informationen in den einschlägigen Quellen nur sehr knapp verhandelt werden. Aufgrund unzumutbarer Wohn- und Studienbedingungen kam es am Seminar immer wieder zu Studentenprotesten, die schließlich „zu Umbauten und einer Neuordnung des Lebens auf dem Campus" führte. Auch die Frage nach der Verheiratung von Studenten („bisher war es Verheirateten nicht möglich, im Seminar zu wohnen") führte zu vielen Diskussionen und Auseinandersetzungen.[289] Ebenso die Frage nach dem Dienst der Frau im BEFG sowie die Studienplanrevision traten in dieser Zeit stark in den Vordergrund.[290] Im Blick auf die „geistige Umwälzung jener Jahre" wird berichtet, dass sie weit mehr war als ein akademisches Geplänkel, sondern tief in das „Selbstverständnis der gesamten jüngeren Generation" reichte.[291]

> „Im Zusammenhang mit den 68er Studentenprotesten lehnen sich auch die Seminaristen gegen die bisher unangefochtenen Autoritäten auf. Viele solidarisieren sich mit

---

[287] Vgl. Entwicklung der Studentenarbeit 26f. und Eisenblätter, Folge 8: 1965-1975: Eine Zeit der Neuorientierung.

[288] Dahm 56f. Besonders krass zeigt sich der Fall um Hagen Seuffert, Reisesekretär der Studentenarbeit. Er gerät gewissermaßen zwischen die Fronten und wird von der Bundesleitung nach Beendigung seines Amtes nicht in den Gemeindedienst vermittelt und zur „Auswanderung" (aus dem Baptismus) gezwungen. Auch als er sich um eine Vermittlung in die Evangelische Kirche Bad Homburg bemüht, werden ihm Steine in den Weg gelegt, indem die EFG Bad Homburg sich gegenüber der Kirchenleitung der Evangelischen Kirche sehr negativ über Seuffert äußert und ihr außerdem die SZ Nr. 21 u. 22 zuspielt sowie davon berichtet, er habe Jugendliche vom Glauben abgebracht und sei außerdem dezidiert links. Vgl. Großmann, Beim Wort genommen.

[289] „Im Seminar herrscht 'eine fast explosive Atmosphäre', vor allem wegen der Frage der Verheiratung von Studenten." Balders, Chronik 150.

[290] Vgl. Eisenblätter, Folge 8: 1965-1975: Eine Zeit der Neuorientierung, Zitate ebd.

[291] Vgl. Popkes, Das Seminar als Ausbildungsinstitut 45f., Zitate ebd.

der Studentenarbeit. Eine ganze Gruppe verlässt das Seminar, orientiert sich entweder bei anderen Kirchen und politischen Gruppierungen oder versucht als Therapeuten ein berufliches Auskommen zu finden."[292]

4.3 Fazit

Die oben ausgeführten knappen Darstellungen über die baptistischen Studenten zeigen, dass ein hohes Maß an Identifikation mit den Anliegen der 68er Bewegung vorhanden war. Beide, Studentenarbeit wie auch die Seminaristen, zogen aus ihren Erkenntnissen die jeweiligen Konsequenzen und opponierten gegen Autoritäten und Gemeinden. Fehlende oder nur unzureichende Empathie auf beiden Seiten führte offensichtlich auch zur Trennung gemeinsamer Wege. Inwieweit der Vergleich des deutschen Baptismus mit dem Unrechtsstaat der SED herangezogen werden kann, erscheint dem Verfasser allerdings (nach Kenntnis der Quellen) als schwer nachvollziehbar.[293]

---

[292] Eisenblätter, Folge 8: 1965-1975: Eine Zeit der Neuorientierung.
[293] Bei allem Respekt für diejenigen, die unter der Führung sowie der Theologie und politischen Einstellung des damaligen Baptismus gelitten haben und nach Meinung des Verfassers zurecht Kritik geübt haben, bleibt bei einem Vergleich mit einer Diktatur, die auf ihre eigenen Bürger geschossen hat und systematisch das Leben von Menschen zerstörte, ein schaler Nachgeschmack von persönlicher Abrechnung.

D. Zusammenfassung und kritische Würdigung

1. Zusammenfassung

Die 68er Bewegung, wie sie sich in der BRD entwickelte, war eine Symbiose zwischen der intellektuellen Neuen Linken und der sich in den westlichen Industrienationen gestaltenden allgemeinen Gegenkultur. Angestoßen durch die besonderen politischen Entwicklungen in der BRD sowie die unbewältigte Vergangenheit im Blick auf den Nazi-Terror entwickelte sich ein Konglomerat, welches als Impulsgeber für die kritische Entwicklung und Gestaltung innerhalb der Intellektuellen und Studenten fungierte. Der sich daraus entwickelnde antiautoritäre Impetus zog sich dann durch die Außerparlamentarische Opposition (APO) und die Studentenbewegung und ist gleichsam die Wurzel und Quelle aller sich aus ihr ergebenden Kennzeichen, Forderungen und Ziele der 68er Bewegung.[294] Die zunehmende Politisierung des Alltags und die damit verbundene Veränderung der Wahrnehmungsperspektive und des gesellschaftlichen Bewusstseins läuteten einen geistigen Paradigmenwechsel ein, der zur Folge hatte, bisherige gesellschaftsprägende Traditionen und Normen ganz selbstverständlich zu hinterfragen und zu kritisieren. Der so entstandene gesellschaftspolitische Klimawechsel mit den damit verbundenen Niederschlägen, den Forderungen nach mehr Demokratie, mehr Transparenz, mehr Partizipation, erfasste Wandlungsprozesse in beinahe allen Funktionssystemen der Gesellschaft. Um die Auswirkungen der 68er Bewegung auf den deutschen Baptismus zu verifizieren, wurde anhand der skizzierten Darstellung der 68er vom Verfasser eine Kriterien-Tabelle entwickelt, die als Maßstab und Bemessungsgrundlage der Untersuchungen am Baptismus diente. Bereits der überblickartige kleine Abriss des Baptismus um 1968 zeigt, dass der Baptismus vielen und zum Teil tiefgreifenden Veränderungen unterworfen war. Neben den Erwähnungen von Umbrüchen, Generationswechseln und Krisen gibt es bereits eine Wahrnehmung für die säkularen Entwicklungen in der Jugendszene bzw. den Hinweis darauf, dass sich analog zu den Entwicklungen in der Gesellschaft auch die Situation der Jugendlichen in den Gemeinden änderte.

Die Einzelbetrachtungen der untersuchten baptistischen Publikationen ergaben ein sehr vielschichtiges und ambivalentes Ergebnis. Die Zeitschrift „Die Gemeinde" thematisiert die Ereignisse um 1968 nur sehr oberflächlich bzw. setzt sich mit den Anliegen der Bewegung nicht wirklich auseinander. Nur dort, wo unmittelbare Berührungspunkte zwischen gesellschaftlicher Veränderung und Gemeindewirklichkeit aneinander geraten, etwa im Bereich ethischer Fragestellungen und Orientierung, werden diese wahrgenommen und thematisiert. Auch die Berichte der Bundesleitung an den Bundesrat zeugen von keiner Auseinandersetzung mit der 68er Bewegung. Weder offizielle Stellungnahmen noch kritische Kommentare

---

[294] Vgl. Kriterien-Tabelle.

sind öffentlich gemacht worden. Jedoch zeugen die Berichte von einer regen Auseinandersetzung innerhalb der baptistischen Jugendkultur. Zudem ist anerkennend festzuhalten, dass Studierende an der Entwicklung des neuen Ausbildungs-Curriculums des Theologischen Seminars beteiligt waren. Das Seminar konnte offenbar schneller und geschlossener auf bestimmte Impulse reagieren als etwa die bedeutend größeren und bürokratischeren Universitäten. Ähnlich wie bei der Zeitschrift „Die Gemeinde" drehen sich die meisten Auseinandersetzungen in der Zeitschrift „Wort und Tat" im Blick auf '68, neben ein paar wenigen Abhandlungen zu politischen Fragen, um eher ethische bzw. sexualethische Fragestellungen. Als besonders und einzigartig stechen die Betrachtungen der Semesterzeitschrift heraus. Abgesehen von fehlenden Auseinandersetzungen bezüglich der Aufarbeitung und Schuldthematik im Blick auf die Baptisten im Nationalsozialismus[295] findet in der Semesterzeitschrift im Blick auf die 68er Bewegung eine Diskussion par excellence statt. Nahezu alle in der Kriterien-Tabelle erarbeiteten Paradigma der 68er Bewegung finden ihren Ausdruck in den Betrachtungen und Diskussionen der Semesterzeitschrift. Die baptistischen Festschriften dokumentieren und bestätigen den Einfluss der 68er Bewegung auf baptistische Studenten und Jugendkultur und verweisen außerdem auf die tiefgreifenden Auseinandersetzungen zwischen den Generationen. Schlussendlich unterstreicht der Reflex baptistischer Studenten auf die 68er Bewegung die bisherigen Untersuchungsergebnisse und bringt den Verfasser der vorliegenden Arbeit zu folgendem Gesamt- bzw. Endergebnis: Die Diskussion im deutschen Baptismus um die 68er Bewegung ist hauptsächlich im Jugend- bzw. Akademikermilieu geführt worden. Es gab keine breit angelegte Diskussion an der Gemeinde-Basis. Nur dort, wo Änderungen und Entwicklungen in der gesellschaftlichen Ethik und Moral zu verzeichnen waren und unmittelbar den Gemeindekontext zu berühren drohten (Nachfolge-Ethik), wurden diese Themen bedacht und haben zu Auseinandersetzungen geführt.

2. Kritische Würdigung

Ähnlich wie sich die Gesellschaft an der 68er Bewegung spaltete, so scheint es, spaltete sich auch der deutsche Baptismus an den Aufbrüchen unter den Studenten bzw. der Studentenarbeit des Bundes.[296] Man könnte den Eindruck gewinnen, dass das, was sich im Großen

---

[295] Auseinandersetzungen über die Aufarbeitung der Schuld in Bezug auf den Nationalsozialismus waren im Baptismus zu der Zeit offenbar kein Thema. Hier kommt es erst später zu einer Problematisierung und Aufklärung. Vgl. Strübind, Andrea: Die deutschen Baptisten und der Nationalsozialismus, in: Zeitschrift für Theologie und Gemeinde (ZThG 7) hg. v. Gesellschaft für Freikirchliche Theologie und Publizistik e.V., Hamburg 2002, 177-194 und Strübind, Andrea: Die unfreie Freikirche. Der Bund der Baptistengemeinden im „Dritten Reich", Kassel/Wuppertal ²1995.

[296] „Die Parallelität der Reaktionen in Gesellschaft und Gemeinde auf die Impulse aus den Reihen der Studenten ist bemerkenswert [...]." Dahm, Persönliche Erfahrungen 56.

in der Gesellschaft abspielte, Aufstand und Revolte gegen verfestigte Strukturen versus Verteidiger bürgerlicher und konservativer Werte und Traditionen, auch seine Entsprechung im deutschen Baptismus fand. Warum aber kam es zu Trennungen bzw. zum teilweisen Fortschreiten auf getrennten Wegen? Das enorme Abgrenzungsvermögen der 68er, ganz anders zu sein als die „Alten", ließ viele der Protagonisten in ähnliche Fallen treten wie ihre Elterngeneration, indem sie, politisch erweckt und doch verblendet, extremistischen, ideologischen und gewaltverherrlichenden Ideen anhafteten und darüber mehr und mehr die Fähigkeit zu einer realen Kommunikation verloren. Das Dilemma im Baptismus lag nach Meinung des Verfassers vor allem an der Vielfalt der unterschiedlichsten im Baptismus existierenden sozialen Milieus und den damit verbundenen unterschiedlichen Bildungshorizonten. Während sich die baptistischen Studenten mit theoretisch hochgerüsteten Politgruppen beschäftigten und selbst in einem universitären Kontext eingebunden waren, kam ein Großteil damaliger Gemeindemitglieder eher aus dem Arbeiter- und Handwerkermilieu Sie waren zudem in ihrer Kindheit und Jugend anders sozialisiert, sodass für viele die Forderungen nur schwer nachvollziehbar waren und als akademischer und elitärer Begriffsimperialismus abgetan wurden. Der Verfasser weiß aus eigenen Erfahrungen zu berichten, dass fehlende oder unzureichende Kommunikation (z.B. aufgrund unterschiedlicher Bildung) schnell zu mangelnder Empathie führen kann und eine vernünftige Kommunikation erst gar nicht ermöglicht. Hinzu kommt, dass die Trennung von Staat und Kirche „für die [deutschen] Baptisten in erster Linie Befreiung von staatlicher Einflussnahme im Bereich der Gemeinde und Freiheit für die missionarischen Aktivitäten"[297] bedeutete, anders als zum Beispiel für die amerikanischen Baptisten, die sich immer wieder konstruktiv-kritisch in das politische Geschehen einmischten (Martin Luther King).[298] Die politische Abstinenz der deutschen Baptisten, die auch von der heilsgeschichtlichen Absonderung von der „bösen Welt" motiviert war und ihren Ausdruck in einer einseitigen Fixierung der Ortsgemeinde wiederfand, spielt mit Sicherheit ebenfalls eine Rolle für den Clash zwischen den Generationen im deutschen Baptismus.[299] Und dennoch bleibt es eine Gratwanderung, sich dem Kontext mit all seinen politischen und gesellschaftlichen Facetten nicht zu verschließen, offen und dialogbereit zu sein, aber auch „ungesunden" Entwicklungen in prophetischer Weise entgegenzustehen und Mut zur eigenen Profilierung zu haben, auch wenn man sich dadurch vielleicht ins gesellschaftliche Abseits stellt. Nimmt man das in der Einleitung stehende Zitat ernst (*„Christus beruft uns zu einem Lebensstil, der erkennbar im Kontrast zur gesellschaftlichen Moral steht."*) und legt es etwa einer christlichen Nachfolge-Ethik zugrunde, dann bedeutet das auch, jede in der Gesellschaft existierende Moral (ob links oder rechts, Mainstream oder Subkultur) kritisch zu

---

[297] Strübind, Die deutschen Baptisten 179.
[298] Vgl. Brot, Kirche der Getauften 107.
[299] Vgl. Strübind, Die deutschen Baptisten 179 und Brot, Kirche der Getauften 117.

beleuchten, um im Kontrast zu ihr zu stehen.[300] Sicherlich braucht es auch eine grundsätzliche Zurückhaltung, auf zeitgeschichtliche Phänomene nicht zu schnell zu reagieren und zum Kommentator tagespolitischer Ereignisse zu werden. Und doch leben Christen in der Verantwortung, auch Wächter der Menschlichkeit und Demokratie zu sein und sind dazu aufgefordert, mit Hilfe der uns anvertrauten Kriterien des Evangeliums unsere Umwelt kritisch zu reflektieren und gegebenenfalls öffentlich und mit aller Entschiedenheit dem gesellschaftspolitischen Kurs entgegenzustehen. Diese Intention und Motivation sind in den Reihen der Studentenarbeit des Bundes erkennbar. Es gehört wahrlich zum Leben dazu, Traditionen (als Gedächtnis am Guten) zu pflegen, aber auch kritisch zu beleuchten und auf ihren geistlichen Gehalt und ihre Dienlichkeit zu überprüfen. In diesem Sinne wird sich auch unsere Glaubensgemeinschaft immer wieder den Herausforderungen von Neuerungen und Erneuerungen stellen und ist auf unbequeme und aufrührerische (geistige und geistliche) Gedanken angewiesen, denn:

> „Die Kirche vergißt, daß sie sich zu einem Herrn bekennt, der als Aufrührer hingerichtet wurde. Die Nachricht, daß sein Reich nicht von dieser Welt sei, war politisches Dynamit: ein respektloser Hinweis auf die Grenzen aller politischen Herrschaft. Der christliche Glaube ist so politisch, wie er persönlich ist. Er betrifft die äußeren Lebensverhältnisse, wie er das Innere der Menschen verwandelt. Er hat es mit dem Frieden der Staaten ebenso zu tun wie mit dem Frieden der Herzen. Denn er betrifft den ganzen Menschen. Wer ihn zu einem abgesonderten Lebensbezirk macht, verurteilt ihn zur Bedeutungslosigkeit."[301]

Die hier vorliegende Untersuchung des deutschen Baptismus im Bezug auf die 68er Bewegung ist eine Situationsanalyse, eingegrenzt auf sechs Jahre (1967-1972). Welchen Einfluss die Diskussion im deutschen Baptismus um die 68er Bewegung auf die Entwicklung des Baptismus ausgeübt hat, kann der Verfasser nicht beantworten und muss dies als offene Frage anderen Forschungsarbeiten überlassen. Mit Sicherheit, blickt man auf den gegenwärtigen Baptismus, hat sich vieles zum Besseren gewendet. Partizipation, Mitbestimmung und Mitgestaltung an den Entwicklungen innerhalb unserer Gemeinden und Bundeslandschaft sind für jeden, der ehrlich motiviert und engagiert ist, möglich und real geworden. Viele heiße

---

[300] Nach Meinung des Verfassers stellen sich auch die Kirchen in der öffentlichen Wahrnehmung zu schnell auf die vermeintlich richtige Seite, als dass sie mit ihrer Existenz die Gesellschaft herausfordern. Den Menschen vor Gott im Blick zu behalten, dazu bedarf es auch einer differenzierten Sicht im Umgang mit Randgruppen und Exkludierten. Selbstverständlich ist es richtig, gegen Neonazis und ihr abscheuliches Gedankengut zu protestieren und alle verfügbaren Ressourcen dafür einzusetzen. (Der Verfasser wurde selbst Opfer eines aus dieser Szene motivierten Gewaltverbrechens.) Aber es gibt auch keine gesellschaftliche Gruppe (auch nicht die Kirche), die diesen Menschen mit Barmherzigkeit, Akzeptanz und Toleranz um ihrer selbst willen bzw. ihrer Menschlichkeit entgegenkommt und ihnen hilft auszusteigen.
[301] Huber, Protestantismus und Protest (Umschlagseite).

Themen, etwa in Bezug auf den Nationalsozialismus, sind im Verlauf der Zeit angepackt und aufgeklärt worden, sodass man als Beobachter den Eindruck gewinnt, dass man heute ehrlicher und aufgeklärter mit den Problemen der Vergangenheit wie auch der Gegenwart und den damit verbundenen Fehlern umgehen kann. Im Blick auf die Mitgestaltung unserer Gesellschaft bleibt der deutsche Baptismus weiter aufgefordert, auch aus dem ruhigen Fahrwasser der Großkirchen auszuscheren und Courage zur eigenen öffentlichen Profilierung zu finden. Besonders auf die zunehmend eindimensionale und a-religiöse und ohne einen Transzendenz-Bezug im Schatten der Säkularisierung und Globalisierung heranwachsende Generation braucht es auch die Baptisten in der gesellschaftlichen Wahrnehmung und Mitgestaltung als Zeugen und Botschafter einer ganz anderen realen Welt.

„Christus beruft uns zu einem Lebensstil,
der erkennbar im Kontrast zur gesellschaftlichen Moral steht."

Anhang

Münsteraner Resolution

1. Jesus Christus ist die Hoffnung der Welt. In ihm hat Gott der Welt Friede, Gerechtigkeit, Freiheit und Versöhnung verheißen.

2. Gottes Heil gipfelt nicht in einer auf Innerlichkeit gerichteten Bekehrung. Gott will den ganzen Menschen hineinnehmen in die Bewegung der Heilung einer sich wandelnden Welt. Der Christ, der nicht an dieser Bewegung teilhat, ist heillos. Ein traditionelles Heilsverständnis, das nicht auf Öffentlichkeit ausgerichtet ist, kultiviert nur religiöse Gefühle. Der bekehrte Mensch ist und bleibt ein „Weltmensch". Die gängige Einteilung in gläubige und ungläubige Menschen ist hochmütig.

3. Verkündigung, die nur der Selbstbestätigung und der inneren Erbauung dient, ist unchristlich und überflüssig. Predigt des Evangeliums soll ausrichten auf ein gesellschaftsbezogenes Handeln. Fürbitte, die das Handeln vergißt, ist Sünde und nicht Gebet, weil wir uns dadurch der Verantwortung zu entziehen versuchen.

4. Christen stellen sich gegen den Willen Gottes, wenn sie ihre öffentliche Verantwortung verleugnen. Um ihre Aufgabe wahrzunehmen, müssen unsere Gemeinden jeder Erscheinungsform von Unversöhnlichkeit, überflüssiger Herrschaft, Ungerechtigkeit entgegentreten. Information ist dazu notwendige Vorbedingung. Wo Christen und ihre Gemeinden sich unpolitisch verhalten, sind sie dennoch politisch wirksam, zementieren sie bestehende Verhältnisse.

5. Der Zusammenbruch 1945 war eine Gelegenheit, das Scheitern einer immer nur an die staatliche Politik angepaßten Haltung (auch öffentlich) einzugestehen. Statt in Zukunft konstruktiv-kritisch das politische Leben mitdurchzudenken und mitzugestalten, wurde resignierend der Bereich der Politik aus dem Missionsauftrag ausgeklammert.

6. Das Freund-Feind-Denken richtet Grenzen auf, die dem Gebot der Versöhnung widersprechen. Jesus hatte Gemeinschaft mit Zöllnern und Sündern, den Ausgestoßenen und Verachteten der Gesellschaft. Wir verfälschen die christliche Botschaft, wenn wir die Gemeinschaft verweigern: den Gastarbeitern und Juden, Kommunisten und Farbigen, Asozialen, Homosexuellen und Prostituierten. Im Verhalten ihnen gegenüber ist Wohlanständigkeit ein Maßstab, der dazu führt, ihnen persönliche Rechte zu beschneiden, statt ihnen Verständnis, konkrete Hilfe und Achtung zu gewähren.

7. Die christliche Gemeinde soll aktiv an der Planung und Durchführung einer universalen Friedenspolitik mitarbeiten. Nationalstaatliches Denken, Verteufelung des Kommunismus, Kalter Krieg säen Mißtrauen statt Vertrauen. Darum ist eine Politik der Stärke abzulehnen. Wer die Okkupation der CSSR durch die Warschauer Paktstaaten verurteilt und die amerikanische Aggression in Vietnam ohne Widerspruch hinnimmt, ist ein Heuchler. Wer die Anerkennung der Oder-Neiße-Grenze und die Ungültigkeitserklärung des Münchener Abkommens verweigert, verhindert die Aussöhnung mit unseren östlichen Nachbarn. Die Haltung zur Frage der Anerkennung der DDR muß bestimmt sein von dem Willen zur Versöhnung.

8. Christliche Verantwortung endet nicht an den Landesgrenzen. Die eigene Erfahrung verpflichtet uns, gerade bei unseren Glaubensgemeinschaften in Südafrika und den USA für die Gleichberechtigung der Rassen einzutreten. Westdeutschland ist gegenüber den nicht industriealisierten Staaten privilegiert. Wir müssen ihnen deshalb sozial und technisch wirksam helfen, ohne uns dabei von Profitdenken und von nationalem Prestige lenken zu lassen. Christen müssen reden, wo offizielle Organe der BRD aus Gründen der Opportunität schweigen.

9. Das Evangelium stellt alle Christen als mündige Mitarbeiter in den Dienst. Verantwortliche Mitarbeit heißt auch Mitbestimmung bei allen Entscheidungen. Sie ist nur in einer demokratischen Gemeinde möglich. Selbstverständlich können wir dabei nicht auf die Mitarbeit der Frau, auf ihre Fähigkeiten und Talente verzichten. Frauen sind für jedes Amt in der Gemeinde geeignet.

10. Wir fordern für alle Mitarbeiter in der Gemeinde vollen Zugang zu allen Informationen und die Öffentlichkeit der Beratungen aller Gremien. Beschlüsse sind grundsätzlich Sache der Gemeindevollversammlung. Sachfragen sind von Fachleuten zu behandeln. Ihre Gutachten und Vorschläge dienen der Gemeinde als Entscheidungsgrundlage. Dies gilt in gleicher Weise für übergemeindliche Aufgaben, Organisationen und für die Bundesleitung. Demokratische Wahl und Entscheidung werden in der Praxis allzu häufig durch Vorschläge der hierarchischen Gremien unterdrückt. Die gegenwärtige Arbeit der Bundesleitung ohne die grundlegende Vorbereitung durch ständige Fachausschüsse ist unzureichend. Zudem bietet nur die projektgebundene Arbeit durch Ausschüsse von Fachleuten die Gewähr, daß Probleme, z.B. der politischen Diakonie, durchdacht, den Gemeinden bewußt gemacht und Aktionen vorgeschlagen werden können.

11. Wir fordern Schluß zu machen, Ideen, Kräfte und Erfahrungen zu vergeuden, indem benachbarte Gemeinden mangelhaft zusammenwirken. Das Prinzip der autonomen

Ortsgemeinde darf nicht die Effektivität der Zusammenarbeit mindern, die z.B. bei der Erwachsenenbildung, der Gemeindeschulung, dem sozialen Dienst, der Öffentlichkeitsarbeit und der Mission notwendig ist. Bei bisherigen Versuchen der überörtlichen Zusammenarbeit in unserem Bund, wie z.b. bei der Gebietsmission in Nordrhein-Westfalen, vermissen wir dann allerdings die klare Analyse des Einsatzes von Mitarbeitern und des Inhalts der verkündeten Botschaft. Ohne aufrichtige Schlußfolgerungen halten wir die Übernahme solcher Modelle für zwecklos.

12. Wir fordern das bundeseigene Organ „Die Gemeinde" auf, sich in den Dienst der Bewußtseinsbildung zu stellen: Erbauliche Literatur verdeckt den Blick für die Anforderungen der Umwelt an die Gemeinde. „Die Gemeinde" sollte regelmäßig Modelle und Ergebnisse von Arbeitstagungen publizieren, z.B. als Informationsbeilage. Durch Verlegen des Redaktionsschlusses muß „Die Gemeinde" zu einer aktuellen Zeitschrift umgestaltet werden.

13. Wir fordern demokratisch gesinnte Prediger, die einer demokratischen Gemeinde zur Seite stehen. Diese Haltung muss im Predigerseminar praktiziert werden. Die Bundesleitung hat die Pflicht, die Voraussetzungen für einen wissenschaftlichen Lehrbetrieb am Seminar zu schaffen, wie es die Studenten des Seminars bereits öffentlich gefordert haben. Der Lehrstuhl für Praktische Theologie sollte mit einem ökumenisch geschultem Fachmann besetzt und zeitgeschichtlicher und politischer Unterricht kritischer Art in den Lehrplan aufgenommen werden.

14. Wir fordern volle Mitgliedschaft im Ökumenischen Rat der Kirchen, um aus unserer Isolierung und stolzen Abkapselung herauszukommen, um unseren baptistischen Beitrag zum ökumenischen Gespräch wirkungsvoller zu leisten, und um an den Informationen und Arbeitsergebnissen aus allen Kirchen unmittelbar teilzuhaben.

15. Die Aufgaben der Christen in der Welt sind so dringend und weitreichend, daß sie nur durch weltweite Zusammenarbeit gelöst werden können. Durch gemeinsame Diakonie und soziale und politische Aktion mit allen Kirchen wird umfassende Mission, wie sie heute verstanden werden muß, erst möglich.

Initiativgruppe
evangelisch-freikirchlicher Studenten

gez.: Diethard Dahm, Berlin; Eckart Großmann, Kiel; Gisela Herbst, Kiel; Klaus Jürgen Jähn, Hamburg; Volkmar Jung, Bochum; Jacqueline Jung, Münster; Dr. Hans-Joachim Leisten,

Berlin; Georg Ortegel, Berlin; Petra Osinski, Berlin; Peter Romahn, Bochum; Harald Roman, Münster; Dr. Friedhelm Saborowski, Pinneberg; Hagen Seuffert, Bad Homburg; Rudolf Tammeus, Münster; Hildegard Timmerbeil, Münster; Gerhard Trottier, Münster.

Münster, im Oktober 1968

Literaturverzeichnis

Adam, Eleonore: Aspekte der Sexualerziehung heute, in: Semesterzeitschrift (SZ) 21, hg. v. Eckart Großmann u.a., Melsungen 1970, 14-17.

Aly, Götz: Unser Kampf. 1968 - ein irritierter Blick zurück (bpb: Bundeszentrale für politische Bildung, Bd. 696), Bonn 2008.

Antiautoritäre Erziehung. Arbeitsansatz und Erfahrungen, hg. v. Agitprop-Gruppe des Göttinger Kinderzentrums, in: Semesterzeitschrift (SZ) 20, hg. v. Studentenarbeit des Bundes Evangelisch-Freikirchlicher Gemeinde in Deutschland, Kassel 1970, 21-22.

Augstein, Rudolf: Es hätte auch anders kommen können. Rudolf Augstein über die SPIEGEL-Affäre 1962 und ihre Folgen, http://www.spiegel.de/spiegel/print/d-25662240.html [aufgerufen am 09.12.2010 um 10:07 Uhr].

Aust, Stefan: Der Baader-Meinhof-Komplex, München 1998.

Baptisten im Ostend. 150 Jahre illustrierte Geschichte der Evangelisch-Freikirchlichen Gemeinde in Franfurt a.M. (Am Tiergarten), hg. v. Evangelisch-Freikirchliche Gemeinde, Frankfurt a.M. 2001.

Baptistische Stimmen zu Vietnam, in: Semesterzeitschrift (SZ) 14, hg. v. Studentenarbeit des Bundes Evangelisch-Freikirchlicher Gemeinde in Deutschland, Kassel 1967, 25.

Bauer, Wolfgang, u.a. (Hg.): Der Bund Evangelisch-Freikirchlicher Gemeinden. Eine Selbstdarstellung, Wuppertal/Kassel 1992.

Balders, Günter: Chronik, in: Festschrift. 100 Jahre Theologisches Seminar 1880-1980, hg. v. Günter Balders, Wuppertal und Kassel 1980, 101-154.

Balders, Günter: Kurze Geschichte der deutschen Baptisten, in: Ein Herr, Ein Glaube, Eine Taufe. Festschrift 150 Jahre Baptistengemeirden in Deutschland (1834-1984), hg. v. Günter Balders, Wuppertal/Kassel 1984, 17-167.

Becker, Harald: Der „Predigtspiegel" in der Oncken-Gemeinde, in: FS 150 Jahre Oncken-Gemeinde (1834-1984), hg. v. Evangelisch-Freikirchliche Gemeinde, Hamburg 1984, 117-119.

Bilz, F.E.: Onanie (Selbstbefleckung), in: Semesterzeitschrift (SZ) 21, hg. v. Eckhart Großmann u.a., Melsungen 1970, 17-20.

Boyens, Erich: Revoluzzer in der Kirche?, in: Semesterzeitschrift (SZ) 20, hg. v. Studentenarbeit des Bundes Evangelisch-Freikirchlicher Gemeinde in Deutschland, Kassel 1970, 15-17.

Brackney, William: Die baptistische Geschichte, in: Zeitschrift für Theologie und Gemeinde (ZThG 15), hg. von Kim Strübind, u.a., Hamburg 2010, 172-184.

Brandt, Edwin: Vom Bekenntnis der Baptisten, in: Ein Herr, Ein Glaube, Eine Taufe. Festschrift 150 Jahre Baptistengemeinden in Deutschland (1834-1984), hg. v. Günter Balders, Wuppertal/Kassel 1984, 175-232.

Brot, Damian: Kirche der Getauften oder Kirche der Gläubigen? Ein Beitrag zum Dialog zwischen der katholischen Kirche und den Freikirchen, unter besonderer Berücksichtigung des Baptismus (Europäische Hochschulschriften Bd. 751), Bern 2002.

Buckendahl, Uwe, u.a: Aktivierung des bürgerlichen Individuums, in: Semesterzeitschrift (SZ) 24, hg. v. Arbeitsgruppe Kritischer Christen innerhalb der Evangelisch-Freikirchlichen Gemeinden in der BRD und Westberlin, Melsungen 1971, 5-7.

Buckendahl, Uwe: Klassengesellschaft und Klassenanalyse, in: Semesterzeitschrift (SZ) 23, hg. v. Eckart Großmann u.a., Melsungen 1971, 2-5.

Cox, Harvey: Sexuelle Reifung und Stadtkultur, in: Semesterzeitschrift (SZ) 13, hg. v. Studentenarbeit des Bundes Evangelisch-Freikirchlicher Gemeinde in Deutschland, Kassel 1967, 8-12.

Dahm, Diethard, u.a.: Mitbestimmung in der Gemeinde, in: Semesterzeitschrift (SZ) 19, hg. v. Studentenarbeit des Bundes Evangelisch-Freikirchlicher Gemeinde in Deutschland, Kassel 1970, 4-7.

Dahm, Diethard, u.a.: Münsteraner Resolution, in: Semesterzeitschrift (SZ) 17, hg. v. Studentenarbeit des Bundes Evangelisch-Freikirchlicher Gemeinde in Deutschland, Kassel 1969, 24-25.

Dahm, Diethard: Persönliche Erfahrungen mit den Anfängen der Demokratisierung, in: FS zum 100jährigen Bestehen der Evangelisch-Freikirchlichen Gemeinde Berlin-Steglitz, hg. v. Volker Waffenschmidt, Berlin 2000, 51-66.

Dahm, Diethard, u.a.: Zur Strategie der ev.-freikirchlichen Studentenarbeit in der BRD, in: Semesterzeitschrift (SZ) 20, hg. v. Studentenarbeit des Bundes Evangelisch-Freikirchlicher Gemeinde in Deutschland, Kassel 1970, 8-10.

Die Gemeinde. Wochenzeitschrift für Gemeinde und Haus des Bundes Evangelisch-Freikirchlicher Gemeinden (Nr.: 6, 22, 40, 41, 45), Kassel 1967.

Die Gemeinde. Wochenzeitschrift für Gemeinde und Haus des Bundes Evangelisch-Freikirchlicher Gemeinden (Nr.: 3, 17), Kassel 1968.

Die Gemeinde. Wochenzeitschrift für Gemeinde und Haus des Bundes Evangelisch-Freikirchlicher Gemeinden (Nr.: 13, 18, 27, 33), Kassel 1969.

Die Gemeinde. Wochenzeitschrift für Gemeinde und Haus des Bundes Evangelisch-Freikirchlicher Gemeinden (Nr.: 6, 9, 37), Kassel 1970.

Die Gemeinde. Wochenzeitschrift für Gemeinde und Haus des Bundes Evangelisch-Freikirchlicher Gemeinden (Nr.: 1, 3, 5, 8, 9, 13, 14, 21, 32, 34, 35, 50), Kassel 1971.

Die Gemeinde. Wochenzeitschrift für Gemeinde und Haus des Bundes Evangelisch-Freikirchlicher Gemeinden (Nr.: 20, 26, 33, 39, 40, 41), Kassel 1972.

Dönhoff, Marion Gräfin: Im Wartesaal der Geschichte. Vom Kalten Krieg zur Wiedervereinigung, Stuttgart 1993.

Dörr, Harry: Jugendarbeit von 1934-1984, in: FS 150 Jahre Oncken-Gemeinde (1834-1984), hg. v. Evangelisch-Freikirchliche Gemeinde, Hamburg 1984, 103-109.

Dörr, Harry: Jugendseminar, in: Berichte der Bundesleitung an den Bundesrat 1970, hg. v. Bund Evangelisch-Freikirchlicher Gemeinden in Deutschland K.d.ö.R., Kassel 1970, 26-29.

Dörr, Harry: Jugendseminar, in: Berichte der Bundesleitung an den Bundesrat 1972, hg. v. Bund Evangelisch-Freikirchlicher Gemeinden in Deutschland K.d.ö.R., Kassel 1972, 48-51.

E.G.: Studentenkonferenz 1968, in: Semesterzeitschrift (SZ) 17, hg. v. Studentenarbeit des Bundes Evangelisch-Freikirchlicher Gemeinde in Deutschland, Kassel 1969, 23-24.

E.H. und E.B.: Mitbestimmung an den Universitäten, in: Semesterzeitschrift (SZ) 19, hg. v. Studentenarbeit des Bundes Evangelisch-Freikirchlicher Gemeinde in Deutschland, Kassel 1970, 8-9.

Eisenblätter, Harold: Folge 8: 1965-1975: Eine Zeit der Neuorientierung, in: Baptismus in Deutschland, http://www.baptisten-nuertingen.de/WirUeberUns/baptismus_in_deutschland.html [aufgerufen am 12.04.2011 um 12:10 Uhr].

Entwicklung der Studentenarbeit (Anlage 5), in: Berichte der Bundesleitung an den Bundesrat 1971, hg. v. Bund Evangelisch-Freikirchlicher Gemeinden in Deutschland K.d.ö.R., Kassel 1971.

Festschrift 60 Jahre Evangelisch-Freikirchliche Gemeinde Münster (1922-1982), hg. v. Friedhelm Pelzer und Heinz Sager, Münster 1982.

Festschrift Hundert Jahre Theologisches Seminar des Bundes Evangelisch-Freikirchlicher Gemeinden (1880-1980), hg. v. Günter Balders, Kassel/Wuppertal 1980.

Festschrift 100 Jahre illustrierte Geschichte der Evangelisch-Freikirchlichen Gemeinde in Berlin-Charlottenburg (1898-1998), hg. v. Evangelisch-Freikirchliche Gemeinde, Berlin 1998.

Festschrift 150 Jahre Evangelisch-Freikirchliche Gemeinden - Baptisten - in Bremen und umzu (1845-1995), hg. v. Kreuzgemeinde Bremen, Bremen 1998.

Flemming, Thomas und Bernd Ulrich: Bewährungsprobe einer Demokratie. Die „Spiegel-Affäre"-1962, in: Vor Gericht. Deutsche Prozesse in Ost und West nach 1945, hg. v. Thomas Flemming und Bernd Ulrich, Berlin 2005, 85-96.

Fobbe, Klaus: Sexualität, Liebe und Ehe, in: Wort und Tat. Zeitschrift für Mitarbeiter in der Verkündigung und der Gemeinde (23. Jahrgang / Heft 9), hg. v. Vereinigung Evangelischer Freikirchen in Deutschland, Kassel 1969, 303-305.

Fornaçon, Frank: Art. Thaut, Dr. Rudolf (1915-1982), in: Ein Herr, Ein Glaube, Eine Taufe. Festschrift 150 Jahre Baptistengemeinden in Deutschland (1834-1984), hg. v. Günter Balders, Wuppertal/Kassel 1984, 364.

Fragen an die deutsche Geschichte. Ideen, Kräfte, Entscheidungen von 1800 bis zur Gegenwart, hg. v. Deutscher Bundestag. Referat Öffentlichkeitsarbeit, Bonn 1991.

Frei, Norbert: 1969. Jugendrevolte und globaler Protest (bpb: Bundeszentrale für politische Bildung, Bd. 699), Bonn 2008.

Funke, Manfred: Deutschland 1905-2005. Gedenkjahre im Zehner-Pack, in: Die politische Meinung. Sechzig Jahre Kriegende (Nr. 426), hg. v. Konrad-Adenauer-Stiftung, Osnabrück 2005.

Geiss Imanuel: Geschichte griffbereit. Bd.4: Begriffe: Die sachsystematische Dimension der Weltgeschichte, Reinbek bei Hamburg 1983.

Geldbach, Erich: Freikirchen - Erbe, Gestalt und Wirkung (Bensheimer Hefte 70), Göttingen [2]2005.

Gilcher-Holtey, Ingrid: Die 68er Bewegung. Deutschland - Westeuropa - USA, München [4]2008.

Götze, Eberhard: Sinn und Recht freier Meinungsäußerung in der christlichen Gemeinde, in: Semesterzeitschrift (SZ) 16, hg. v. Studentenarbeit des Bundes Evangelisch-Freikirchlicher Gemeinde in Deutschland, Kassel 1968, 25-27.

Greeves, Frederic Dr.: Das Problem der Ethik in unserer Zeit, in: Wort und Tat. Zeitschrift für Mitarbeiter in der Verkündigung und der Gemeinde (26. Jahrgang / Heft 4), hg. v. Vereinigung Evangelischer Freikirchen in Deutschland, Kassel 1972, 118-122.

Großmann, Eckart: Beim Wort genommen: Der Fall Hagen Seuffert, in: Semesterzeitschrift (SZ) 25, hg. v. Arbeitsgruppe Kritischer Christen innerhalb der Evangelisch-Freikirchlichen Gemeinden in der BRD und Westberlin, Melsungen 1971 (Seitenangabe unbekannt, Archiv geschlossen).

Großmann, Eckart: Pornografie & Co, in: Semesterzeitschrift (SZ) 24, hg. v. Arbeitsgruppe Kritischer Christen innerhalb der Evangelisch-Freikirchlichen Gemeinden in der BRD und Westberlin, Melsungen 1971, 3-4.

Großmann, Eckart: Zum Problem DROGENGEFAHR, in: Semesterzeitschrift (SZ) 22, hg. v. Eckart Großmann u.a., Melsungen 1971, 13-15.

Gussek, Franz-Dieter: Jugend in Aufruhr. Bericht über die Jugendarbeit 1973-1983, in: Jahrhundertschritt. 100 Jahre Baptistenkirche Nordhorn in Berichten, Bildern und Dokumenten, hg. v. Arthur Lieske, Leer 2009, 163-166

Haas, Eberhard: Klassenloses Krankenhaus in einer Klassengesellschaft?, in: Semesterzeitschrift (SZ) 22, hg. v. Eckart Großmann u.a., Melsungen 1971, 10-12.

Hamer, Eerke: Politisches Nachtgebet in Köln, in: Semesterzeitschrift (SZ) 19, hg. v. Studentenarbeit des Bundes Evangelisch-Freikirchlicher Gemeinde in Deutschland, Kassel 1970, 21.

Harms, Klaus: Polizei - Prügelknabe der Demokratie?, in: Semesterzeitschrift (SZ) 17, hg. v. Studentenarbeit des Bundes Evangelisch-Freikirchlicher Gemeinde in Deutschland, Kassel 1969, 26-28.

Helmke, Ursula und Uwe Buckendahl: Hilfe oder Geschäft - Westdeutsche „Entwicklungspolitik" und Cabora-Bassa, in: Semesterzeitschrift (SZ) 20, hg. v. Studentenarbeit des Bundes Evangelisch-Freikirchlicher Gemeinde in Deutschland, Kassel 1970, 27-29.

Hochgrebe, Volker: Protest und Evangelium, Gütersloh 1970.

Hofmann, Horst und Irmela (Hg.): Anstiftungen. Chronik aus 20 Jahren OJC, Reichelsheim 1988.

Hofmann, Wolfgang: Phase der kritischen Auseinandersetzung (1966-1975), in: Sendung und Weg. FS 150 Jahre Evangelisch-Freikirchliche Gemeinde Oldenburg (1837-1987), hg. v. Evangelisch-Freikirchliche Gemeinde, Oldenburg 1987, 93-97.

Huber, Max: Toleranz, in: Wort und Tat. Zeitschrift für Mitarbeiter in der Verkündigung und der Gemeinde (22. Jahrgang / Heft 6), hg. v. Vereinigung Evangelischer Freikirchen in Deutschland, Kassel 1968, 190.

Huber, Wolfgang: Protestantismus und Protest, Reinbek bei Hamburg 1987.

Hundert Jahre Evangelisch-Freikirchliche Gemeinde Hamburg-Altona I, 1871-1971.

Hühne, Ulrich: Studentenarbeit, in: Berichte der Bundesleitung an den Bundesrat 1967, hg. v. Bund Evangelisch-Freikirchlicher Gemeinden in Deutschland K.d.ö.R., Kassel 1967, 36-37.

Hühne, Ulrich: Studentenarbeit, in: Berichte der Bundesleitung an den Bundesrat 1968, hg. v. Bund Evangelisch-Freikirchlicher Gemeinden in Deutschland K.d.ö.R., Kassel 1968, 44-45.

Hühne, Ulrich: Zwischen Gesetzlichkeit und Libertinismus. Ein Umfrage über die Sexualität, in: Semesterzeitschrift (SZ) 13, hg. v. Studentenarbeit des Bundes Evangelisch-Freikirchlicher Gemeinde in Deutschland, Kassel 1967, 1-7.

Hülsewede, Manfred: Repressionsfreie Erziehung, in: Semesterzeitschrift (SZ) 20, hg. v. Studentenarbeit des Bundes Evangelisch-Freikirchlicher Gemeinde in Deutschland, Kassel 1970, 19-21.

Informationsschrift des Evangelisch-Freikirchlichen Studentenkreises Berlin zu den Vorfällen am 2. Juni vor der Deutschen Oper Berlin, hg. v. Evangelisch-Freikirchlicher Studentenkreis Berlin, in: Semesterzeitschrift (SZ) 14, hg. v. Studentenarbeit des Bundes Evangelisch-Freikirchlicher Gemeinde in Deutschland, Kassel 1967, 22-24.

Kaltenborn, Carl-Jürgen: Fragen des Marxismus ans Christentum, in: Semesterzeitschrift (SZ) 18, hg. v. Studentenarbeit des Bundes Evangelisch-Freikirchlicher Gemeinde in Deutschland, Kassel 1969, 29-31.

Kecker, Franz: Unruhe unter den Studenten, in: Semesterzeitschrift (SZ) 16, hg. v. Studentenarbeit des Bundes Evangelisch-Freikirchlicher Gemeinde in Deutschland, Kassel 1968, 23-24.

Kießling, Simon: Die antiautoritäre Revolte der 68er. Postindustrielle Konsumgesellschaft und säkulare Religionsgeschichte der Moderne, Köln 2006.

Knabe, Gerald: Die Jungen und die Liebe, in: Semesterzeitschrift (SZ) 18, hg. v. Studentenarbeit des Bundes Evangelisch-Freikirchlicher Gemeinde in Deutschland, Kassel 1969, 26-28.

Knohl, Gerhard: Systemzwang und Gesellschaftskritik. Die „Kritische Theorie" der Frankfurter Schule, in: Semesterzeitschrift (SZ) 22, hg. v. Eckart Großmann u.a., Melsungen 1971, 4-7.

Koenen, Gerd: Der Muff von tausend Jahren. Ein Aufstand gegen die Kriegsgeneration, in: 1968. Die Revolte, hg. v. Daniel Cohn-Bendit und Rüdiger Dammann, Frankfurt a.M. 2007, 139-160.

Körner, Klaus: Die Ära Adenauer, in: Deutsche Geschichte (Bd.12). Geteiltes Deutschland nach 1945, hg. v. Heinrich Pleticha, Gütersloh 1984, 85-137.

Krämer, Philipp: Unruhe, in: Wort und Tat. Zeitschrift für Mitarbeiter in der Verkündigung und der Gemeinde (22. Jahrgang / Heft 4), hg. v. Vereinigung Evangelischer Freikirchen in Deutschland, Kassel 1968, 129.

Kürten, Elisabeth Ch. und Werner U. Langthaler: Diskussionsbeitrag zur antiautoritären Erziehung aus erziehungspsychologischer Sicht, in: Semesterzeitschrift (SZ) 21, hg. v. Eckart Großmann u.a., Melsungen 1970, 6-8.

Langguth, Gerd: Protestbewegung (Entwicklung-Niedergang-Renaissance). Die Neue Linke seit 1968 (Bibliothek Wissenschaft und Politik, Bd. 30), Köln 1983.

Leonhardt, Rochus: Grundinformation Dogmatik, Göttingen [3]2008.

Licht bricht durch. FS zum hundertjährigen Bestehen der Evangelisch-Freikirchlichen Gemeinde Duisburg-Mitte (1894-1994), hg. v. Evangelisch-Freikirchliche Gemeinde, Duisburg 1994.

Link, Wolfgang: Erziehung zur Unmündigkeit, in: Semesterzeitschrift (SZ) 22, hg. v. Eckart Großmann u.a., Melsungen 1971, 24.

Luckey, Hans: Predigerseminar, in: Berichte der Bundesleitung an den Bundesrat 1967, hg. v. Bund Evangelisch-Freikirchlicher Gemeinden in Deutschland K.d.ö.R., Kassel 1967, 27-28.

Luckey, Hans: Predigerseminar, in: Berichte der Bundesleitung an den Bundesrat 1968, hg. v. Bund Evangelisch-Freikirchlicher Gemeinden in Deutschland K.d.ö.R., Kassel 1968, 37-38.

Marcuse, Herbert: Der eindimensionale Mensch. Studien zur Ideologie der fortgeschrittenen Industriegesellschaft (Soziologische Texte, Bd. 40), Neuwied und Berlin [6]1967.

Meinhof, Ulrike Marie: Die Würde des Menschen ist antastbar. Aufsätze und Polemiken, Berlin 1995.

Meusel, Jochen: Die Funktion von Kirche und Theologie in der Gesellschaft, in: Semesterzeitschrift (SZ) 21, hg. v. Eckart Großmann u.a., Melsungen 1970, 3-4.

Meusel, Jochen: Die Übermacht der „Kritischen Theorie" über die politische Praxis (I). Kritik an Max Horkheimers „Sehnsucht nach dem ganz anderem", in: Semesterzeitschrift (SZ) 22, hg. v. Eckart Großmann u.a., Melsungen 1971, 8-10.

Meusel, Jochen: Ehe Sex Kommune, in: Semesterzeitschrift (SZ) 20, hg. v. Studentenarbeit des Bundes Evangelisch-Freikirchlicher Gemeinde in Deutschland, Kassel 1970, 23-24.

Meusel, Jochen: Für einen bruchlosen Übergang von der Sexualität des Kindes zur Sexualität des Jugendlichen, in: Semesterzeitschrift (SZ) 21, hg. v. Eckart Großmann u.a., Melsungen 1970, 22-23.

Meusel, Jochen: In Sachen Entwicklungshilfe. Zur EKiD-Synode, in: Semesterzeitschrift (SZ) 17, hg. v. Studentenarbeit des Bundes Evangelisch-Freikirchlicher Gemeinde in Deutschland, Kassel 1969, 18-20.

Meusel, Jochen: Linke kirchliche Presse, in: Semesterzeitschrift (SZ) 25, hg. v. Arbeitsgruppe Kritischer Christen innerhalb der Evangelisch-Freikirchlichen Gemeinden in der BRD und Westberlin, Melsungen 1971, 2.

Meusel, Jochen: Wieder zwei Fälle: Marquardt und Schrottroff, in: Semesterzeitschrift (SZ) 24, hg. v. Arbeitsgruppe Kritischer Christen innerhalb der Evangelisch-Freikirchlichen Gemeinden in der BRD und Westberlin, Melsungen 1971, 2-3.

Mit Jesus unterwegs. FS 100 Jahre Baptisten in Herne, hg. v. Horst Martens und Joost Reinke, Herne 2005.

Mit Wurzeln in die Zukunft. FS 150 Jahre Evangelisch-Freikirchliche Gemeinde Hannover-Walderseestraße, hg. v. Evangelisch-Freikirchliche Gemeinde, Hannover 2004.

Müller, Wolfgang C.: Sexualität und Herrschaft. Kriterien für eine neue Sexualmoral, in: Semesterzeitschrift (SZ) 18, hg. v. Studentenarbeit des Bundes Evangelisch-Freikirchlicher Gemeinde in Deutschland, Kassel 1969, 29.

Nalezinsiki, Hans: Das Generationsproblem in unseren Gemeinden, in: Wort und Tat. Zeitschrift für Mitarbeiter in der Verkündigung und der Gemeinde (22. Jahrgang / Heft 9), hg. v. Vereinigung Evangelischer Freikirchen in Deutschland, Kassel 1968, 291-295.

Nowak, Dorothea: Streiflichter aus der Geschichte des Jugendseminars, in: FS Hundert Jahre Theologisches Seminar des Bundes Evangelisch-Freikirchlicher Gemeinden (1880-1980), hg. v. Günter Balders, Kassel/Wuppertal 1980.

Osinski, Petra: Hamburg/Münster/Göttingen - ein Aufbruch?, in: Semesterzeitschrift (SZ) 17, hg. v. Studentenarbeit des Bundes Evangelisch-Freikirchlicher Gemeinde in Deutschland, Kassel 1969, 21-23.

Pithan, Helmut: Studentenwohnheim Marburg, in: Berichte der Bundesleitung an den Bundesrat 1967, hg. v. Bund Evangelisch-Freikirchlicher Gemeinden in Deutschland K.d.ö.R., Kassel 1967, 37-38.

Popkes, Wiard: Das Seminar als Ausbildungsinstitut. Geschichte und Stand des Studienprogramms, in: Festschrift. 100 Jahre Theologisches Seminar 1880-1980, hg. v. Günter Balders, Wuppertal und Kassel 1980, 37-59.

Rehr, Hartmut: Semesterzeitschrift (SZ) 25, hg. v. Arbeitsgruppe Kritischer Christen innerhalb der Evangelisch-Freikirchlichen Gemeinden in der BRD und Westberlin, Melsungen 1971, 7-10.

Richter, Pavel A.: Die Außerparlamentarische Opposition in der Bundesrepublik Deutschland 1966 bis 1968, in: 1968. Vom Ereignis zum Mythos, hg. v. Ingrid Gilcher-Holtey, Frankfurt a.M. 2008, 47-74.

Rinn, Werner: Bewußt politische Erziehung, in: Semesterzeitschrift (SZ) 22, hg. v. Eckart Großmann u.a., Melsungen 1971, 24-25.

Rohman, Peter: Theologie der Revolution, in: Semesterzeitschrift (SZ) 17, hg. v. Studentenarbeit des Bundes Evangelisch-Freikirchlicher Gemeinde in Deutschland, Kassel 1969, 16-18.

Roedig, Christian: Die Bundesrepublik im Zweiten und Dritten Jahrzehnt, in: Deutsche Geschichte (Bd.12). Geteiltes Deutschland nach 1945, hg. v. Heinrich Pleticha, Gütersloh 1984, 287-353.

Rucht, Dieter: Die Ereignisse von 1968 als soziale Bewegung: Methodologische Überlegungen und einige empirische Befunde, in: 1968. Vom Ereignis zum Mythos, hg. v. Ingrid Gilcher-Holtey, Frankfurt a.M. 2008, 153-171.

Rust, Heinrich Christian (Hg.): Neue Wege gehen (Gemeinde und Charisma), Wuppertal/Kassel 1991.

Sabrowski, Friedhelm und Hagen Seuffert: Studentenarbeit, in: Berichte der Bundesleitung an den Bundesrat 1969, hg. v. Bund Evangelisch-Freikirchlicher Gemeinden in Deutschland K.d.ö.R., Kassel 1969, 32-33.

Samoray, Reinhard Dr.: Die unruhige Generation, in: Wort und Tat. Zeitschrift für Mitarbeiter in der Verkündigung und der Gemeinde (26. Jahrgang / Heft 2), hg. v. Vereinigung Evangelischer Freikirchen in Deutschland, Kassel 1972, 45-50.

Scheuch, Erwin K. (Hg.): Die Wiedertäufer der Wohlstandsgesellschaft. Eine kritische Untersuchung der „Neuen Linken" und ihre Dogmen, Köln 1968.

Schmiederer, Ursula: Abtreibung legalisieren und unter medizinische Kontrolle bringen, in: Semesterzeitschrift (SZ) 25, hg. v. Arbeitsgruppe Kritischer Christen innerhalb der Evangelisch-Freikirchlichen Gemeinden in der BRD und Westberlin, Melsungen 1971, 12-13.

Schneider, Horst: Mitbestimmung im Arbeitsprozeß, in: Semesterzeitschrift (SZ) 19, hg. v. Studentenarbeit des Bundes Evangelisch-Freikirchlicher Gemeinde in Deutschland, Kassel 1970, 2-4.

Schostak, Traugott und Joachim Meusel: Politik in der Gemeinde oder Diakonie an Gesellschaft?, in: Semesterzeitschrift (SZ) 15, hg. v. Studentenarbeit des Bundes Evangelisch-Freikirchlicher Gemeinde in Deutschland, Kassel 1968, 30-31.

Seuffert, Hagen: Rebellion der Studenten oder die neue, in: Semesterzeitschrift (SZ) 17, hg. v. Studentenarbeit des Bundes Evangelisch-Freikirchlicher Gemeinde in Deutschland, Kassel 1969, 31.

Seuffert, Hagen, u.a.: Studentenarbeit, in: Berichte der Bundesleitung an den Bundesrat 1970, hg. v. Bund Evangelisch-Freikirchlicher Gemeinden in Deutschland K.d.ö.R., Kassel 1970, 34.
Seuffert, Hagen, u.a.: Studentenarbeit, in: Berichte der Bundesleitung an den Bundesrat 1971, hg. v. Bund Evangelisch-Freikirchlicher Gemeinden in Deutschland K.d.ö.R., Kassel 1971, 50-51.

Sozialistische Politik in SPD, DGB und Hochschule, hg. v. Kollektiv im SHB Göttingen, in: Semesterzeitschrift (SZ) 20, hg. v. Studentenarbeit des Bundes Evangelisch-Freikirchlicher Gemeinde in Deutschland, Kassel 1970, 7-8.

Steckel, K.: Ehe, Sexualität, Geschlechtserziehung, in: Wort und Tat. Zeitschrift für Mitarbeiter in der Verkündigung und der Gemeinde (21. Jahrgang / Heft 5), hg. v. Vereinigung Evangelischer Freikirchen in Deutschland, Kassel 1967, 160-163.

Seiß, Rudolf Prof. Dr.: Ist christliche Erziehung autoritär?, in: Wort und Tat. Zeitschrift für Mitarbeiter in der Verkündigung und der Gemeinde (25. Jahrgang / Heft 2), hg. v. Vereinigung Evangelischer Freikirchen in Deutschland, Kassel 1971, 39-43.

Sichelschmidt, R.: Jugendseminar, in: Berichte der Bundesleitung an den Bundesrat 1967, hg. v. Bund Evangelisch-Freikirchlicher Gemeinden in Deutschland K.d.ö.R., Kassel 1967, 29-30.

Stinnes, Manfred: Pressekonzentration, in: Semesterzeitschrift (SZ) 17, hg. v. Studentenarbeit des Bundes Evangelisch-Freikirchlicher Gemeinde in Deutschland, Kassel 1969, 29-31.

Stricker, Horst: Die „Sexwelle", in: Wort und Tat. Zeitschrift für Mitarbeiter in der Verkündigung und der Gemeinde (24. Jahrgang / Heft 9), hg. v. Vereinigung Evangelischer Freikirchen in Deutschland, Kassel 1970, 305-306.

Stricker, Horst: Freiheit - eine Utopie?, in: Wort und Tat. Zeitschrift für Mitarbeiter in der Verkündigung und der Gemeinde (26. Jahrgang / Heft 10), hg. v. Vereinigung Evangelischer Freikirchen in Deutschland, Kassel 1972, 327-331.

Strübind, Andrea: Die deutschen Baptisten und der Nationalsozialismus, in: Zeitschrift für Theologie und Gemeinde (ZThG 7), hg. v. Gesellschaft für Freikirchliche Theologie und Publizistik e.V., Hamburg 2002, 177-194.

Srübind, Andrea: Die unfreie Freikirche. Der Bund der Baptistengemeinden im „Dritten Reich", Kassel/Wuppertal [2]1995.

Stöbe, Axel: Mitbestimmung eine Forderung unserer Zeit?, in: Semesterzeitschrift (SZ) 21, hg. v. Eckart Großmann u.a., Melsungen 1970, 33-34.

Suchet der Stadt Bestes. FS 100 Jahre (1894-1994) Baptistengemeinde Göttingen (keine weiteren Angaben), Göttingen 1994.

Suter, Heini: Kollektives Wohnen. Überlegungen zum Rahmen der Problemstellung, in: Semesterzeitschrift (SZ) 24, hg. v. Arbeitsgruppe Kritischer Christen innerhalb der Evangelisch-Freikirchlichen Gemeinden in der BRD und Westberlin, Melsungen 1971, 4-5.

Tammeus, Rudolf: Antisexuelle Propaganda der Kirche, in: Semesterzeitschrift (SZ) 21, hg. v. Eckart Großmann, Melsungen 1970, 21.

Tanner, Jakob: „The Times They Are A-Changin". Zur subkulturellen Dynamik der 68er Bewegung, in: 1968. Vom Ereignis zum Mythos, hg. von Ingrid Gilcher-Holtey, Frankfurt a.M. 2008, 275-295.

Thaut, Rudolf: Sexualität ohne Tabu, in: Wort und Tat. Zeitschrift für Mitarbeiter in der Verkündigung und der Gemeinde (25. Jahrgang / Heft 6), hg. v. Vereinigung Evangelischer Freikirchen in Deutschland, Kassel 1971, 197.

Thaut, Rudolf: Theologisches Seminar, in: Berichte der Bundesleitung an den Bundesrat 1969, hg. v. Bund Evangelisch-Freikirchlicher Gemeinden in Deutschland K.d.ö.R., Kassel 1969, 22-24.

Thaut, Rudolf: Theologisches Seminar, in: Berichte der Bundesleitung an den Bundesrat 1970, hg. v. Bund Evangelisch-Freikirchlicher Gemeinden in Deutschland K.d.ö.R., Kassel 1970, 18-19.

Thaut, Rudolf: Theologische Kommission, in: Berichte der Bundesleitung an den Bundesrat 1970, hg. v. Bund Evangelisch-Freikirchlicher Gemeinden in Deutschland K.d.ö.R., Kassel 1970, 21.

Thaut, Rudolf: Theologische Kommission, in: Berichte der Bundesleitung an den Bundesrat 1971, hg. v. Bund Evangelisch-Freikirchlicher Gemeinden in Deutschland K.d.ö.R., Kassel 1971, 38.

Timmerbeil, Klaus: Krummes Holz - aufrechter Gang, in: Semesterzeitschrift (SZ) 24, hg. v. Arbeitsgruppe Kritischer Christen innerhalb der Evangelisch-Freikirchlichen Gemeinden in der BRD und Westberlin, Melsungen 1971, 18-19.

Timmerbeil, Klaus: Theologischer Linksdrall?, in: Semesterzeitschrift (SZ) 20, hg. v. Studentenarbeit des Bundes Evangelisch-Freikirchlicher Gemeinde in Deutschland, Kassel 1970, 30-31.

Trappe, Friedrich: Vom Christsein in der säkularen Gesellschaft, in: Wort und Tat. Zeitschrift für Mitarbeiter in der Verkündigung und der Gemeinde (21. Jahrgang / Heft 7), hg. v. Vereinigung Evangelischer Freikirchen in Deutschland, Kassel 1967, 236-237.

Udo (unter Pseudonym abgedruckt): Was ist Sozialismus?, in: Semesterzeitschrift (SZ) 23, hg. v. Eckart Großmann u.a., Melsungen 1971, 23-24.

Vietnam und die sozialistische Bewegung in der BRD, hg. v. SDS Heidelberg, in: Semesterzeitschrift (SZ) 20, hg. v. Studentenarbeit des Bundes Evangelisch-Freikirchlicher Gemeinde in Deutschland, Kassel 1970, 5-6.

Villinger, Ingeborg: »Stelle sich jemand vor, wir hätten gesiegt.« Das symbolische der 68er Bewegung und die Folgen, in: 1968. Vom Ereignis zum Mythos, hg. von Ingrid Gilcher-Holtey, Frankfurt a.M. 2008, 319-340.

Waffenschmidt, Volker: Wegbeschreibung der Gemeinde Steglitz, in: FS zum 100jährigen Bestehen der Evangelisch-Freikirchlichen Gemeinde Berlin-Steglitz, hg. v. Volker Waffenschmidt, Berlin 2000, 13-38.

Walter, Karl-Heinz: Gemeindejugendwerk, in: Berichte der Bundesleitung an den Bundesrat 1970, hg. v. Bund Evangelisch-Freikirchlicher Gemeinden in Deutschland K.d.ö.R., Kasse 1970, 23-25.

Walter, Karl-Heinz: Gemeindejugendwerk, n: Berichte der Bundesleitung an den Bundesrat 1971, hg. v. Bund Evangelisch-Freikirchlicher Gemeinden in Deutschland K.d.ö.R., Kassel 1971, 39-41.

Walter, Karl-Heinz: Gemeindejugendwerk, in: Berichte der Bundesleitung an den Bundesrat 1972, hg. v. Bund Evangelisch-Freikirchlicher Gemeinden in Deutschland K.d.ö.R., Kassel 1972, 46-48.

Weßler, Gerhard: Zur Funktion der Kirche in der technokratischen Gesellschaft, in: Semesterzeitschrift (SZ) 18, hg. v. Studentenarbeit des Bundes Evangelisch-Freikirchlicher Gemeinde in Deutschland, Kassel 1969, 10-13.

Wilde, Erich: Kritischer Konsum, in: Semesterzeitschrift (SZ) 20, hg. v. Studentenarbeit des Bundes Evangelisch-Freikirchlicher Gemeinde in Deutschland, Kassel 1970, 13-14.

Woock, Hermann: Die Altentagesstätte, in: FS 150 Jahre Oncken-Gemeinde (1834-1984), hg. v. Evangelisch-Freikirchliche Gemeinde, Hamburg 1984, 110-116.

Baptismus-Dokumentation

Schriftenreihe
herausgegeben vom Oncken-Archiv des BEFG in Elstal

Editionen von Quellen und Materialien zur Geschichte des Baptismus und des BEFG

Band 1: Armin Weist: Baptistische Archivalien aus den Gebieten östlich von Oder und Neiße in genealogischen und staatlichen Archiven

Elstal/Norderstedt 2011, 79 Seiten, Paperback (Books on Demand),
ISBN: 978-3-844-81208-4, Schutzgebühr 5,90 €

Band 2: Marc Schneider: Die Diskussion im deutschen Baptismus um die 68er Bewegung

Elstal/Norderstedt 2012, 84 Seiten, Paperback (Books on Demand), 2. Aufl. 2017
ISBN: 978-3-8482-2251-3, Schutzgebühr 5,90 €

Band 3: Heinz Szobries: Schuldbekenntnisse aus dem Bund Ev.-Freikirchlicher Gemeinden und anderen Kirchen in Deutschland nach 1945.
Zeugnisse von Schwachheit und Kraft beim Einstehen für die eigene Vergangenheit

Elstal/Norderstedt 2013, 128 Seiten, Paperback (Books on Demand), 2. Aufl. 2017
ISBN: 978-3-7322-9120-5, Schutzgebühr 6,90 €

Band 4: Roland Fleischer: Der Streit über den Weg der Baptisten im Nationalsozialismus.
Jacob Köbberlings Auseinandersetzung mit Paul Schmidt zu Oxford 1937 und Velbert 1946

Elstal/Norderstedt 2014, 172 Seiten, Paperback (Books on Demand), 2. Aufl. 2016
ISBN: 978-3-7357-8618-0, Schutzgebühr 8,90 €

Band 5: Reinhard Assmann / Andreas Liese (Hg.): Unser Weg – Gottes Weg?
Der Bund Evangelisch-Freikirchlicher Gemeinden in Deutschland – eine historische Bestandsaufnahme. Studientag Kassel 2014

jOTA Publikationen GmbH Hammerbrücke (Edition Forum Wiedenest) und Oncken-Archiv Elstal 2015, 170 Seiten, Paperback, ISBN: 978-3-935707-79-4, Bestell-Nummer (jOTA): 449.579, 11,95 €

Band 6: Reinhard Assmann / Andreas Liese (Hg.): Vereint in Christus – (wieder)vereint im Bund.
25 Jahre Zusammenschluss der beiden deutschen Bünde Evangelisch-Freikirchlicher Gemeinden – Akteure erinnern sich. Studientag Kassel 2015

jOTA Publikationen GmbH Hammerbrücke (Edition Forum Wiedenest) und Oncken-Archiv Elstal 2016, 210 Seiten, Paperback, ISBN: 978-3-935707-85-5, Bestell-Nummer (jOTA): 449.585, 12,95 €

Band 7: Wilfried Weist / Reinhard Assmann: Dass das Wort des Herrn laufe und gepriesen werde.
Die Schrifttumsarbeit im Bund Evangelisch-Freikirchlicher Gemeinden in der DDR

Elstal/Norderstedt 2017, 298 Seiten, Paperback (Books on Demand),
ISBN: 978-3-7448-4931-9, Schutzgebühr 14,95 €